HORST-J. RAHN

Formen der Aufbauorganisation des betrieblichen Bildungswesens in industriellen·Großbetrieben

Betriebswirtschaftliche Schriften

Heft 115

Formen der Aufbauorganisation des betrieblichen Bildungswesens in industriellen Großbetrieben

Eine empirische Untersuchung

Von

Dipl.-Kfm. Horst-J. Rahn

DUNCKER & HUMBLOT / BERLIN

CIP-Kurztitelaufnahme der Deutschen Bibliothek

Rahn, Horst-J.:
Formen der Aufbauorganisation des betrieblichen
Bildungswesens in industriellen Großbetrieben:
e. empir. Unters. / von Horst-J. Rahn. –
Berlin: Duncker und Humblot, 1984.
　　(Betriebswirtschaftliche Schriften; H. 115)
　　ISBN 3-428-05503-9
NE: GT

ISBN 3-428-05503-9

Vorwort

Die Universität Mannheim förderte diese empirische Untersuchung über Formen der Aufbauorganisation des betrieblichen Bildungswesens in industriellen Großbetrieben. Für die Unterstützung habe ich Herrn Prof. Dr. Gaugler, Lehrstuhl und Seminar für Allgemeine Betriebswirtschaftslehre, Personalwesen und Arbeitswissenschaft, zu danken. Diese Studie wurde auch von Herrn Prof. Dr. Bergner, Lehrstuhl für Allgemeine Betriebswirtschaftslehre und Industrie, gefördert.

Für seine Anregungen bin ich Herrn Prof. Dr. Crisand, Fachhochschule des Landes Rheinland-Pfalz, Abteilung Ludwigshafen, Personal- und Ausbildungswesen, sehr dankbar.

An dieser Stelle ist auch das Engagement von Personalleitern und Bildungsleitern der untersuchten Großbetriebe zu würdigen, denn ohne deren Bereitschaft zu Interviews wäre diese Arbeit nicht zustandegekommen. Alle Interviewpartner zeigten sich sehr aufgeschlossen und interessiert, was bei dem Umfang des Fragebogens nicht selbstverständlich ist. Für die Übergabe der internen Firmenbroschüre und die Ratschläge habe ich Herrn Prof. Dr. Sahm zu danken. Mein Dank gilt nicht zuletzt Herrn Dipl.-Kfm. Meschzan, dem Förderer meiner praktischen Tätigkeit bei der Firma Grünzweig + Hartmann AG in Ludwigshafen. Die vielen Kontakte im Rahmen der Aktivitäten im Bildungswesen dieses Industriebetriebes ermöglichten das Kennenlernen vieler Formen der Aufbauorganisation betrieblicher Bildungsarbeit und erlaubten Einblicke in Strukturen dieser Organisationstypen.

Grünstadt, im November 1983

Horst-J. Rahn

Inhaltsverzeichnis

Tabellenverzeichnis

Abbildungsverzeichnis

Einleitung

Nach dem Zweiten Weltkrieg sahen sich viele Industriebetriebe in der Bundesrepublik Deutschland veranlaßt, dem betrieblichen Bildungswesen eine aufbauorganisatorische Basis zu geben. Die Gestaltungsbemühungen haben in der Praxis zu unterschiedlichen und oft sehr eigenständigen Lösungen geführt. Nicht selten traten organisatorische Schwierigkeiten auf, weil wenig Orientierungshilfen in Form praktikabler Modelle zum Aufbau der Bildungsarbeit im Industriebetrieb existieren.

Es bietet sich deshalb an, verschiedene Formen der Aufbauorganisation des betrieblichen Bildungswesens in industriellen Großbetrieben näher zu untersuchen und Einzelheiten über Stärken und Schwächen dieser Aufbauformen zu erforschen. In diesem Rahmen soll versucht werden, Erkenntnisse für die Wissenschaft zu erarbeiten und Organisationspraktikern Anregungen und Empfehlungen zu geben. Es ist ein hervortretendes Ziel dieser Studie, die Darlegungen eng an Gegebenheiten der Wirtschaftspraxis zu orientieren[1] und die Ergebnisse nach Konsequenzen für Praktiker zu bewerten. Entsprechend dieser Absicht wurde eine empirische Untersuchung von zwölf Aufbauformen des Bildungswesens industrieller Großbetriebe vorgenommen, deren grundlegende Daten aus Tabelle 1 ersichtlich sind[2].

Die Resultate der empirischen Untersuchung stammen aus dreiundzwanzig Einzel- bzw. Gruppeninterviews mit Persönlichkeiten, die innerhalb des betrieblichen Bildungswesens in leitender Position verantwortlich sind. Die mit den Interviews verbundenen Kosten ließen eine Beschränkung auf ausgewählte[3] Industriebetriebe ratsam erscheinen. In Industriebetrieben mit besonders geordneter Aufbauorganisation des Bildungswesens konnten in

---

[1] Empirisch-realistisches Vorgehen bzw. Betonung des Anwendungsaspektes haben in der Betriebswirtschaftslehre Tradition. Vgl. Schmalenbach, E.: Die Privatwirtschaftslehre als Kunstlehre, in ZfhF, A. F., 6. Jg. (1911/12), S. 304 - 316; vgl. ders.: Die Betriebswirtschaftslehre an der Schwelle der neuen Wirtschaftsverfassung, in: ZfhF, 22. Jg. (1928), S. 241 - 251; vgl. Kori, O. v.: Die Arbeiten von Eugen Schmalenbach in chronologischer Anordnung, in: ZfbF, 20. Jg. (1968), S. 474 - 488. Zum Organisationsaspekt: vgl. Nicklisch, H.: Der Weg aufwärts! Organisation. Versuch einer Grundlegung. 1. Aufl., Stuttgart (1920).

[2] Vgl. Fragebogen, Anhang, Fragen 1, 2, 4.

[3] Die mehrjährige Tätigkeit des Verfassers im Bildungswesen des Betriebes F erlaubte das Kennenlernen vieler Aufbauformen des Bildungswesens. Für die Betriebsauswahl waren folgende Gründe entscheidend: geordnete Struktur des Aufbaus der Bildungsarbeit, Branchen-, Größen- und Rechtsformunterschiede bzw. keine rein regionale Ballung der zu untersuchenden Betriebe.

zeitlichen Abständen vertiefende Interviews mit verschiedenen Personen desselben Betriebes geführt werden.

Tabelle 1
Daten der untersuchten Industriebetriebe

Betrieb	Mitarbeiterzahl	Rechtsform	Branche
A	800	AG	Eisen u. Metall
B	900	GmbH	Chemie
C	2 238	AG	Chemie
D	2 600	GmbH	Chemie
E	8 500	AG	Maschinenbau
F	10 000	AG	Bau
G	12 000	KG	Leder
H	20 000	GmbH	Luftfahrt
J	24 000	GmbH	Elektronik
K	40 000	AG	Elektrotechnik
L	110 000	AG	Chemie
M	213 400	AG	Elektrotechnik

Eine ausschließliche Übersendung von Erhebungsbögen an die entsprechenden Industriebetriebe erfolgte nicht, weil sich einerseits die Interviewmethode bereits bewährt hat und weil andererseits die Praktiker auf – vor allem umfangreiche – Fragebögen mit großer Zurückhaltung reagieren. Außerdem ermöglichen Interviews vertiefende Fragestellungen, die bei ausschließlicher Übersendung von Erhebungsbögen untergehen. Da das Bestehen auf Interviews ohne Leitfaden einen Verzicht auf Systematisierung und gezielte Gesprächsführung bedeutet hätte, wurden die Interviews anhand von Fragebögen geführt. Während die wenigen geschlossenen Fragen des Bogens den Interviewpartnern zum Ankreuzen der Antworten vorgelegt wurden, erfolgte die Beantwortung der anderen Fragen im Rahmen des Gesprächs, das die Erfassung auch zusätzlicher Anregungen und Hinweise der Interviewpartner zuließ[4]. Insbesondere bei der Aufnahme der Strukturen von Aufbauformen des Bildungswesens hat sich die flexible Handhabung als nützlich erwiesen.

Im Rahmen der Untersuchung wurde angestrebt, die komplizierten Aufbaustrukturen des Bildungswesens zu entflechten bzw. die Aufbauformen von weniger wesentlichen Faktoren zu befreien und in geordneter Weise aufzuzeigen. Um eine möglichst weitgehende Einsicht in Formen der Aufbauorganisation des betrieblichen Bildungswesens zu geben, erfolgte eine Reduktion der Aufbauelemente auf nicht weiter zu unterteilende, also singu-

---

[4] Die Interviews dauerten im Durchschnitt 2 bis $2\frac{1}{2}$ Stunden.

lare Organisationseinheiten (Instanzen, Stellen, Ausbildungsplätze usw.)[5]. Diese Vorgehensweise gestattet die Beschreibung der Elemente des Aufbaus der Bildungsarbeit von der Leitungsebene des Bildungswesens bis zu den Ausbildungsplätzen.

Von den zwölf untersuchten Aufbauformen der Praxis wurden für diese Studie fünf Formen der Aufbauorganisation des Bildungswesens ausgewählt, die in den folgenden Kapiteln dargestellt werden. Für jede Form wurde ein Strukturbild erstellt, damit ein Überblick möglich ist. Zum besseren Verständnis dieser Übersichten sind die Erläuterungen aus Tabelle 2 notwendig.

Tabelle 2
Kurzbezeichnungen zur Deutung von Strukturbildern

Beispiel für eine singulare Organisationseinheit

zentral

Leitungsstelle
der Bildungsarbeit $\boxed{L_k^z}$

kaufmännische
Ausbildungsarbeit

Organisationseinheiten		**Tätigkeit**
L	= Leitungsstelle	hauptamtlich
FL	= Leitungsstelle	nebenamtlich
D	= Dispositionsstelle	hauptamtlich
FD	= Dispositionsstelle	nebenamtlich
R	= Ausbilderstelle	hauptamtlich
FR	= Ausbilderstelle	nebenamtlich
U	= Schulungseinheit	haupt-/nebenamtlich
r	= Ausbildungsplatz	beruflich

Bezeichnungen für Organisationseinheiten

z	= zur Zentralabteilung gehörige Bildungsarbeit
d	= zur Dezentralabteilung gehörige Bildungsarbeit
b	= gewerblich-technische Ausbildungsarbeit
k	= kaufmännische Ausbildungsarbeit
n	= naturwissenschaftlich-technische Ausbildungsarbeit
f	= spezielle Fort- und Weiterbildungsarbeit
m	= spezielle Management-Bildungsarbeit
B	= gewerbliche Bildungsarbeit
K	= kaufmännische Bildungsarbeit

---

[5] Die Methode der Reduktion von Aufbauelementen komplexer Strukturen auf singulare Organisationseinheiten und deren Verbindungen wurde zur Untersuchung des betrieblichen Bildungswesens bisher nicht angewandt.

N = naturwissenschaftliche Bildungsarbeit
E = medienbezogene Bildungsarbeit
A = gesamte Ausbildungsarbeit
F = gesamte Fortbildungsarbeit
W = gesamte Weiterbildungsarbeit
M = gesamte Management-Bildungsarbeit
G = gesamte Bildungsarbeit

Verbindungen der Organisationseinheiten

———————————————— Reine Weisungsbefugnis

= = = = = = = = = = = Richtlinienverbindung

— — — — — — — — — — begrenzte funktionale Autoritätsbeziehung

—·—·—·—·—·—·—·— Arbeitskontakte

—·—·—·— ⊙ —·—·—·— intensive Arbeitskontakte

A. Elementarform des Bildungswesens

1. Wesensmerkmale einer Elementarform

Die untersuchten Gliederungsformen des Aufbaus der Bildungsarbeit in den industriellen Großbetrieben A, B und D weisen große Ähnlichkeit auf. Da es sich um grundlegende bzw. wenig kompliziert erscheinende Gliederungsformen des betrieblichen Bildungswesens handelt, wurde als Bezeichnung der Begriff ‚Elementarform‘ gewählt.

Eine Elementarform dieser Ausprägungsart zeigt sich in der Aufteilung des Bildungswesens in kaufmännische (z. B. Bildungsarbeit für Industriekaufleute) und gewerblich-technische Bildungsarbeit (z. B. Elektrotechnik). Ein einfaches, in kaufmännische und gewerbliche Bildungsarbeit unterteiltes, umweltbezogenes Gefüge von singularen Organisationseinheiten[1], die in Verbindung miteinander stehen und eine Konkretisierung durch die Beziehung zwischen Aufgabenkombinat und Aufgabenträger erfahren, soll als vollkommene Elementarform bezeichnet werden. Fehlt dem Aufbau des Bildungswesens entweder der kaufmännische oder der gewerbliche Bereich, so liegt eine unvollkommene Elementarform der Bildungsarbeit vor.

Für alle drei untersuchten Elementarformen der Bildungsarbeit ist bezeichnend, daß das betriebliche Bildungswesen jeweils auf den zentralen Personalleiter[2] ausgerichtet ist.

Während Betrieb A zur Eisen- bzw. Metallbranche zählt bzw. Betrieb B Chemikalien, Kunstharze, Bindemittel und Teeröle herstellt, konzentriert sich Betrieb D auf Aluminiumprodukte[3].

Anhand des praktischen Beispiels der Gliederungsform des Betriebes D, deren modellhafte Grundstruktur in Abb. 1 aufgezeigt wurde, sollen nun die wesentlichen Elemente einer Elementarform des Aufbaus der Bildungsarbeit aufgezeigt werden[4].

---

[1] Eine singulare Organisationseinheit ist als Instanz oder Stelle ein nicht mehr unterteiltes Aufgabenkombinat des Bildungswesens im industriellen Großbetrieb. Plurale Organisationseinheiten umfassen mehrere singulare Aufgabenkombinate. In Abb. 1 wurden die singularen Organisationseinheiten durch einen Doppelstrich eingerahmt (Symbolbezeichnungen vgl. Tab. 2 dieser Arbeit).

[2] Vgl. Fragebogen, Anhang, Frage 27.

[3] Ebenda, Frage 4.

[4] Ebenda, Fragen 11 bis 13.

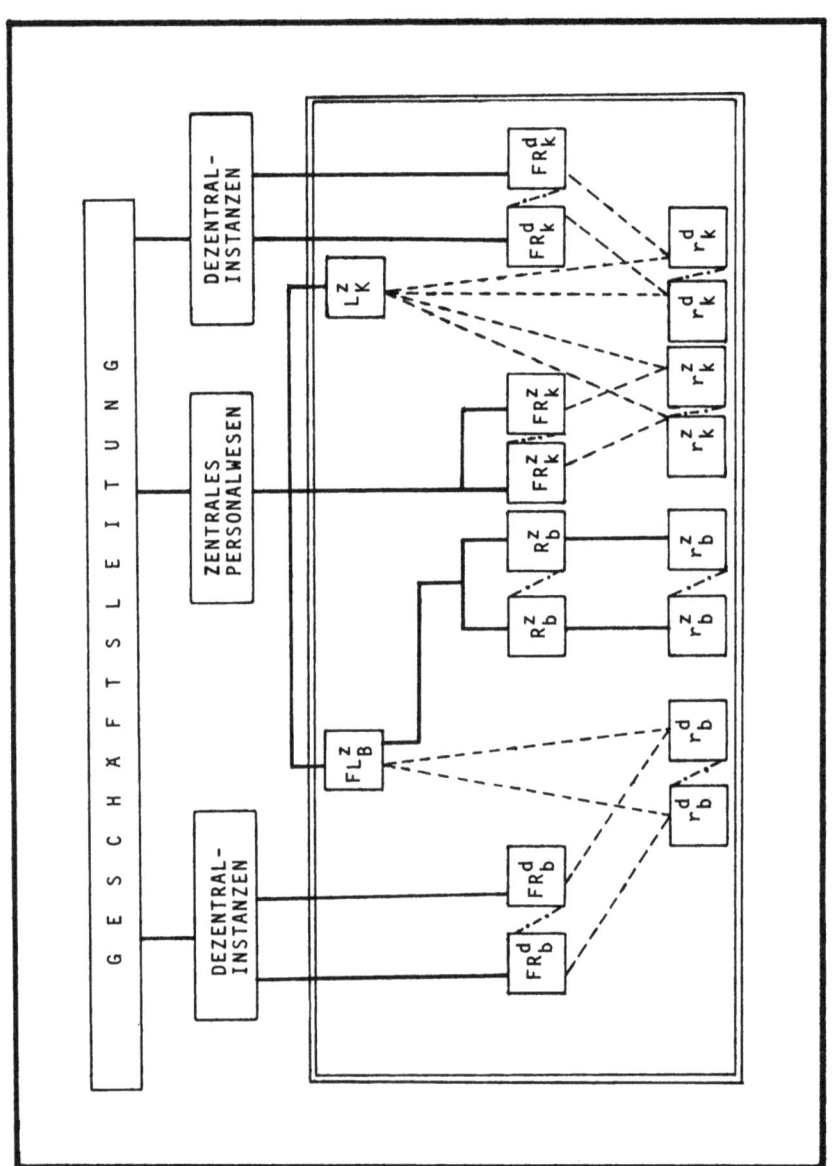

Abb. 1. Strukturbild einer Elementarform.

2. Beschreibung der Elementarform

a) Personal- und Bildungsarbeit

Von besonderer Bedeutung für das Bildungswesen des untersuchten Betriebes ist das Aufgabenkombinat des Leiters der zentralen Personalarbeit, der als Personaldirektor mit Prokura[5] direkt der kaufmännischen Geschäftsleitung untersteht. Er trägt die Hauptverantwortung für das gesamte Bildungswesen dieses Betriebes, trifft die wichtigsten Entscheidungen und hält Kontakte zum Betriebsrat bzw. zu der Umwelt des Unternehmens. Dieser Leiter des zentralen Personalwesens bildet die wichtigste Instanz im Gefüge des Aufbaus der Bildungsarbeit des Betriebes D, denn er hat die Entscheidungsgewalt in allen wichtigen Fragen zur kaufmännischen und gewerblichen Bildungsarbeit. Sowohl der Leiter der zentralen, kaufmännischen Bildungsarbeit als auch der Leiter des gewerblich-technischen Bildungswesens sind dem zentralen Personalleiter direkt[6] unterstellt. Außerdem hält der Personalchef Querverbindungen zu allen Vorgesetzten und Mitarbeitern, die mit kaufmännischer oder gewerblich-technischer Bildungsarbeit zu tun haben[7].

b) Kaufmännische Bildungsarbeit

Der für die kaufmännische Bildungsarbeit verantwortliche, hauptamtlich tätige Aufgabenträger hat mit Einzelvollmacht Leitungsaufgaben der Bildungsarbeit zu bewältigen und ist für die Ausbildung zum Beruf des Industriekaufmanns zuständig. Er führt Einstellungsgespräche mit Auszubildenden, gibt Beurteilungen ab und unterhält eine Fülle von Querkontakten zu Vorgesetzten und Mitarbeitern der Fachabteilungen im Industriebetrieb. Außerdem plant, verwaltet und koordiniert er das kaufmännische Bildungswesen und organisiert Fortbildungs- bzw. Sprachkurse mit Fremdreferenten. Regelmäßiger Zusatzunterricht für Auszubildende im Betrieb gehört ebenfalls zu seinen Realisationsaufgaben[8].

Auszubildende des kaufmännischen Sektors erfahren ihre Ausbildung nicht nur an dezentralen Ausbildungsstellen, sondern sie werden auch an Zentralstellen unterwiesen. Die Ausbildungsaufgaben werden von neben-

---

[5] Vgl. Fragebogen, Anhang, Frage 17.
[6] Vgl. Abb. 1.
[7] Zur Erhaltung der Übersichtlichkeit des Strukturbildes wurden diese Querverbindungen nicht in Abb. 1 eingezeichnet.
[8] Die Realisationsaufgaben haben eine relativ hohe Bedeutung. Auf die Frage nach der relativen Bedeutung der Teilaufgaben dieses Ausbildungsleiters entfielen auf Planung 30 %, auf Beratung und Kontakt 7 %, auf Verwaltung und Organisation 5 %, auf Kontrolle 5 %, Realisation 50 % und andere Aufgaben 3 % (vgl. Fragebogen, Anhang, Frage 40 und Frage 15).

amtlich tätigen, kaufmännisch orientierten Ausbildern in den verschiedenen Betriebsabteilungen übernommen.

c) Gewerbliche Bildungsarbeit

Für die gewerbliche Bildungsarbeit ist ein halbamtlicher Gruppenleiter[9] zuständig, der noch etwa zur Hälfte seines Aufgabenkombinates andere Betriebsaufgaben hat. Im gewerblich-technischen Bereich der Ausbildung existieren verschiedene Lehrwerkstätten (z. B. Elektrolehrwerkstatt), in denen hauptamtliche Ausbilder die Unterweisungsaufgaben für Auszubildende an Ausbildungsstellen wahrnehmen. Die Ausbilder der Werkstatt sind dem halbamtlich tätigen Ausbildungsleiter direkt unterstellt. Die Auszubildenden werden aber nicht nur in Lehrwerkstätten unterwiesen, sondern sie sollen vor allem den betrieblichen Ablauf kennenlernen. Deshalb wurden dezentrale Ausbildungplätze für den gewerblich-technischen Bereich geschaffen, die nebenamtlich tätige Ausbilder betreuen.

Zu den Maßnahmen der Bildungsarbeit im gewerblichen Sektor gehören auch Meisterschulungen und Kurse für Anlagenführer des Betriebes, die allerdings nicht intern, sondern an externen Institutionen durchgeführt werden. In allen untersuchten Industriebetrieben mit Elementarform gab es keinen Ausschuß für Bildungsarbeit[10], kein Organigramm[11] des Bildungswesens und keine Stellenbeschreibungen[12] für Aufgabenträger der Bildungsarbeit.

3. Eigenreferenten

Im internen Bildungsbereich werden bevorzugt Eigenreferenten eingesetzt, die in den Betriebsabteilungen andere Hauptaufgaben haben. Sie kennen die betrieblichen Details aus ihrer täglichen Tätigkeit genau und haben in der Regel engere Bindungen an den Betrieb als Fremdreferenten. Eigenreferenten sind organisatorisch insofern leichter einplanbar, als ihre Abrufbarkeit bzw. die zeitliche Disposition mit weniger Schwierigkeiten als bei Fremdreferenten verbunden ist. In der Regel fallen keine zusätzlichen Kosten für diese Unterrichtsgestaltung an, weil die Kosten für den Eigenreferenten mit dessen Gehalt abgegolten werden. Diese Regelung geht allerdings zu Lasten der Aufgabenwahrnehmung in den Fachabteilungen. Außerdem bringen Eigenreferenten dann Nachteile mit sich, wenn langjährige Betriebszugehörigkeit zu ,Betriebsblindheit' führt oder Eigenreferenten auf-

---

[9] Vgl. Fragebogen, Anhang, Frage 14.
[10] Ebenda, Frage 18.
[11] Ebenda, Frage 13.
[12] Ebenda, Frage 9.

grund von Vorurteilen der Kursteilnehmer nicht anerkannt werden. Zwischen den betrieblichen Bildungsleitern und den Eigenreferenten bestehen Arbeitskontakte[13]. In manchen Fällen gewinnt man den Eindruck, daß die Bildungsleiter zufrieden sein müssen, wenn sie Aufgabenträger finden, die zur nebenamtlichen Verrichtung von Bildungsaufgaben bereit sind.

4. Vorteile dieser Gliederungsform

Die dargestellte Elementarform des Bildungswesens ist Aufbaubestandteil der Organisation des Betriebes D, der als traditionsreiches Familienunternehmen zur Bewältigung der Bildungsarbeit mit wenigen hauptamtlich tätigen Aufgabenträgern auskommt, die viele Jahre in diesem Unternehmen beschäftigt sind. Langjährige Betriebszugehörigkeit führt zu engeren Betriebsbindungen, die sich auf das betriebliche Miteinander positiv auswirken. Diese Gegebenheit gilt auch für den Personalchef des Betriebes, der sich darum bemüht, u. a. zur Basis des Ausbildungswesens persönliche Kontakte zu pflegen[14]. Für den Personalleiter des Betriebes ist das betriebliche Bildungswesen überschaubar, weil insgesamt nur geringe Aufgabenkomplexität vorliegt[15].

In allen wesentlichen Fragen entscheidet der Personalleiter, denn er trägt die Hauptverantwortung für das Bildungswesen dieses industriellen Großbetriebes. Diese Bindung der Entscheidungsgewalt an den zentralen Personalleiter hat den Vorteil, daß Kompetenzzersplitterung in diesem System kaum möglich ist.

Da nur wenige hauptamtlich tätige Kräfte zur Verfügung stehen und sich die Bildungsarbeit auf das unbedingt Notwendige beschränkt, wird der Verwaltungsapparat des Bildungswesens nicht unnötig aufgebläht.

5. Nachteile der Elementarform

Nicht nur im kaufmännischen sondern auch im gewerblichen Bereich der Elementarform des Bildungswesens gibt es viele nebenamtlich tätige Ausbilder, die die Verpflichtung übernommen haben, außer ihren eigentlichen Hauptaufgaben noch Auszubildenden Kenntnisse und Fertigkeiten zu vermitteln.

Sowohl die kaufmännischen als auch die außerhalb der Lehrwerkstätten liegenden, gewerblichen Ausbildungsplätze sind von Doppelunterstellungen

---

[13] Ebenda, Frage 19.
[14] Ebenda, Frage 19, Frage 15.
[15] Ebenda, Frage 13.

abhängig. Ein solches Unterstellungsverhältnis kann als begrenzte, funktionale Autoritätsbeziehung[16] bezeichnet werden, denn der Inhaber der jeweiligen Instanz hat auf einem begrenzten Teilsektor ein Entscheidungsrecht. Beispielsweise ist ein dezentraler, kaufmännischer Ausbildungsplatz einerseits einem nebenamtlich tätigen Ausbilder in fachlicher Hinsicht und andererseits dem kaufmännischen Leiter der Ausbildungsarbeit gesamtdisziplinarisch unterstellt. Der Auszubildende wird sich also in Fragen der Unterweisung am Ausbildungsplatz an den Ausbilder und in Fragen der gesamten Ausbildungsarbeit an seinen Ausbildungsleiter wenden. Ein direkter Weisungszusammenhang zwischen dem Ausbildungsleiter und den nebenamtlich tätigen Ausbildern besteht nicht, sondern diese Aufgabenträger stehen in Querverbindung[17] zueinander.

Die im Aufbaukonzept vorgesehene, fachliche Unterweisung von Auszubildenden ist nicht ohne Schwierigkeiten möglich, weil u. a. nebenamtlich tätige Ausbilder im Zwiespalt mit ihren eigentlichen Hauptaufgaben in der Fachabteilung stehen (Betriebe A, B, D). Oft unterbleibt die notwendige Unterweisungsarbeit und die für den Auszubildenden wichtigen Informationen gehen unter.

Verbindungskonflikte ergeben sich auch dann, wenn sich Auszubildende aufgrund ihrer Vorbildung, z.B. mit ‚mittlerer Reife‘, mit oft langweiligen Aufgaben, z.B. Ablage von Postgut, nicht zufriedengeben. Manche nebenamtlich tätigen Ausbilder haben nicht genügend Zeit, die Ausbildungsinhalte ausgiebig zu ordnen und sind deshalb nicht in der Lage, ihre Ausbildungsaufgaben ordnungsmäßig zu erfüllen. Auch für den halbamtlichen Leiter der gewerblichen Bildungsarbeit ergeben sich Konflikte bei der Wahrnehmung von Bildungsaufgaben im Industriebetrieb, weil er noch etwa zur Hälfte andere Betriebsaufgaben zu lösen hat. Diese Aufgabenstruktur führt zwangsläufig zu zeitlichen Problemen für den Aufgabenträger. Häufige Nichtanwesenheit dieses Leiters aufgrund extern bedingter Tätigkeiten[18] erschwert einen einwandfreien Ablauf der Bildungsarbeit und kann zu terminlichen Verzögerungen führen.

Zwischen den Bildungsleitern und Vorgesetzten von Eigenreferenten kann es ebenfalls zu Konflikten kommen, da Eigenreferenten aufgrund ihrer Unterrichtsverpflichtungen zeitweise der Fachabteilung nicht zur Verfügung stehen. Deshalb wehren sich manche Vorgesetzte gegen die Verwendung ihrer Mitarbeiter zu Unterrichtszwecken.

Der Organisator des Aufbaus einer Elementarform im industriellen Großbetrieb sollte gegenüber den Verantwortlichen durchzusetzen versuchen,

---

[16] Vgl. Fragebogen, Anhang, Frage 13.
[17] Ebenda, Frage 19.
[18] Ebenda, Frage 15.

daß der Umfang der Bildungsaufgaben eines Ausbilders einerseits den Zielen der Ausbildungsarbeit dient, aber daß andererseits die nebenamtlichen Tätigkeitsfelder mit den Hauptaufgaben an dieser Stelle vereinbar sind. Die Verantwortlichen in Elementarformen des Bildungswesens sollten darauf achten, daß den halb- bzw. nebenamtlich tätigen Aufgabenträgern genügend Zeit für die Bewältigung von Bildungsaufgaben zur Verfügung steht.

Wenn sich ein Vorgesetzter gegen den Einsatz seiner Mitarbeiter als Eigenreferenten wehrt, so sollte der Bildungsleiter mit diesem Vorgesetzten persönliche Gespräche führen, damit er von der Notwendigkeit dieses Einsatzes überzeugt wird.

B. Funktionsform der Bildungsarbeit

1. Begriffliche Erläuterungen

Da der Terminus ‚Funktion' in der betriebswirtschaftlichen Literatur in unterschiedlicher Weise Verwendung findet, sind Erläuterungen zum Begriff ‚Funktionsform' notwendig. Damit soll eine Gliederungsform bezeichnet werden, die eine Abteilung für die Bewältigung der Ausbildungsarbeit und ein Subsystem für die Fort- und Weiterbildungsarbeit enthält (vgl. Abb. 2).

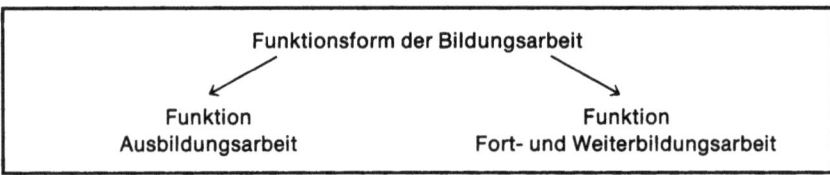

Abb. 2. Teilbereiche einer Funktionsform.

Während sich die Ausbildungsarbeit auf die Hinführung zu Ausbildungsberufen bezieht, wie beispielsweise auf die Ausbildung zum Industriekaufmann, Maschinenschlosser, Dreher usw., baut die Fort- und Weiterbildungsarbeit auf dieser Basis auf. Im Rahmen der Fort- und Weiterbildungsarbeit fallen z.B. Disposition und Realisation der Führungskräfteseminare, der fachspezifischen Seminare für Mitarbeiter und Meister an. Es ist also für eine Funktionsform des Bildungswesens im industriellen Großbetrieb bezeichnend, daß die Aufgabenkombinate eine verrichtungsorientierte Teilung in Ausbildungsarbeit und Fort- bzw. Weiterbildungsarbeit erfahren. Die Ausprägung der vertikalen Strukturierung einer Funktionsform hängt davon ab, wie die Verrichtungsgliederung im einzelnen vorgenommen wird. Die folgende Darstellung einer Funktionsform basiert auf den Gegebenheiten des Betriebes G^1 (vgl. Abb. 3)[2].

---

[1] Vgl. Fragebogen, Anhang, Fragen 11 - 19 und 20 - 26.
[2] Die Abkürzungsbezeichnungen in dieser modellhaften Darstellung beziehen sich auf Tab. 2.

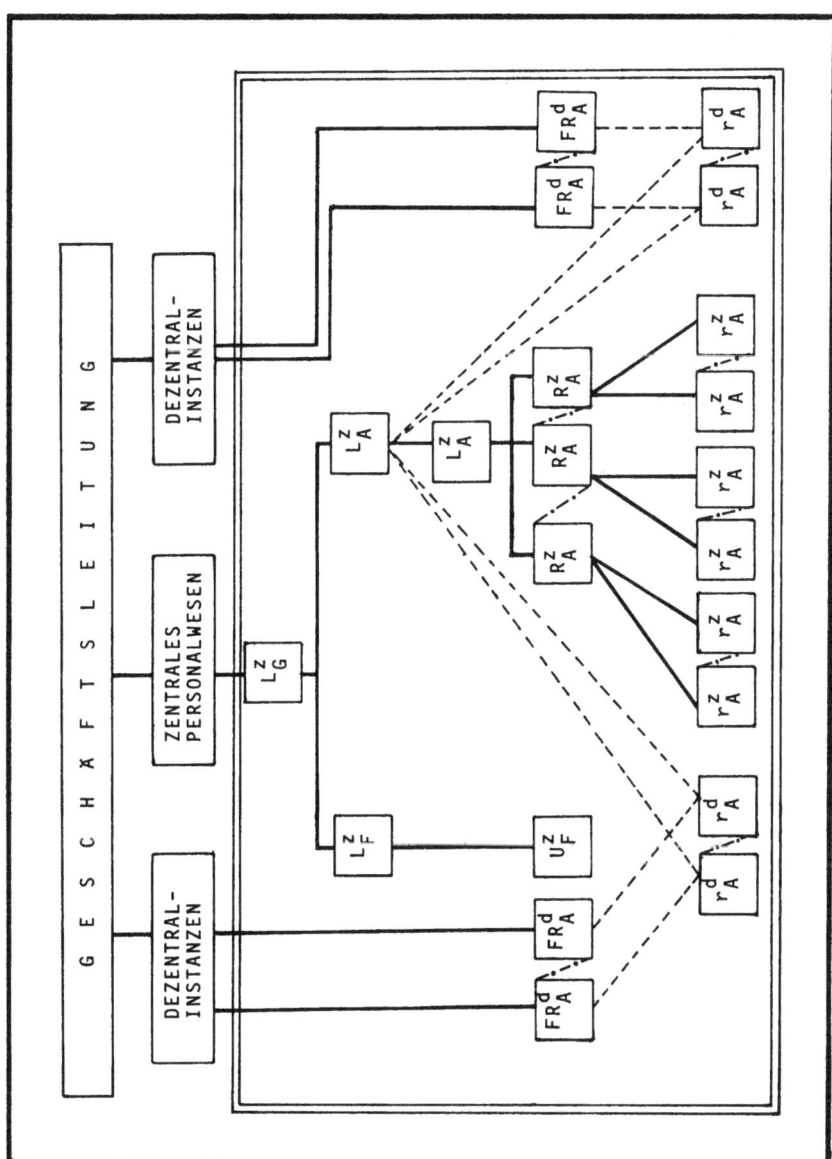

Abb. 3. Strukturbild einer Funktionsform.

2. Kennzeichnung der Funktionsform

a) Merkmale einer Funktionsform

Für das gesamte Bildungswesen dieses Industriebetriebes ist ein Leiter der Personalentwicklung als Hauptabteilungsleiter[3] zuständig, der dem zentralen Personal- und Sozialleiter unterstellt ist. Die Aufgabenträger dieser Instanzen unterhalten Querkontakte zum Betriebsrat des Betriebes. Der Leiter der Personalentwicklung entscheidet als Prokurist[4] nicht nur über die Bildungsarbeit dieses Industriebetriebes, sondern auch über Fragen zur Personalförderung und zur betrieblichen Informationsabwicklung. Diesem hauptverantwortlichen Aufgabenträger sind zwei Funktionen zugeordnet, deren Bildungsaufgaben an der Produktion von Leder-, Gummi- und Textilwaren ausgerichtet sind[5].

Für die beiden Funktionen mit Fort- und Weiterbildungsarbeit bzw. Ausbildungsarbeit sind jeweils hauptamtlich tätige Abteilungsleiter mit Einzelvollmacht[6] zuständig, die dem Leiter der Personalentwicklung dieses Industriebetriebes direkt unterstellt sind. Aus den organisatorischen Aufbauregelungen in diesem Betrieb und Äußerungen während der Interviews ist zu schließen, daß für beide Abteilungsleiter der strenge Instanzenweg nicht nur in Ausnahmefällen einzuhalten ist. Der Instanzenweg ist straff ,von oben nach unten' durchgegliedert und das Bildungswesen ist auf den Leiter der Personalentwicklung fixiert. Die gesamte Bildungsarbeit dieses Industriebetriebes ist zentral orientiert[7]. Als Prokurist trägt der Leiter der Personalentwicklung die Hauptverantwortung für die Bildungsarbeit dieses Betriebes.

Das Aufgabenkombinat des Leiters der Funktion Fort- und Weiterbildung umfaßt Planungs-, Beratungs-, Verwaltungs- und Organisationsaufgaben[8] der Führungskräfte-Bildungsarbeit. Außer der Vorbereitung von Schulungen für Fachkräfte, Meister und Anlagenführer wird von ihm auch die Bildungsarbeit im Sprachlabor organisiert. Gegenüber der Ausbildungsarbeit, wo hauptsächlich Eigenreferenten im internen Unterricht Einsatz finden, werden im Fort- und Weiterbildungssektor hauptsächlich Fremdreferenten[9] eingesetzt.

---

[3] Vgl. Fragebogen, Anhang, Frage 14.

[4] Ebenda, Frage 17.

[5] Ebenda, Frage 4.

[6] Ebenda, Frage 17.

[7] Ebenda, Frage 27.

[8] Die Aufgabenkombinate haben folgende, relative Bedeutung: Planung 30 %, Beratung und Kontakt 30 %, Verwaltung und Organisation 30 %, Kontrolle 5 % und Realisation 5 %. Die Werte bilden Zeitanteile eines Aufgabenbereiches in % der Gesamtaufgabe (vgl. Fragebogen, Anhang, Frage 40).

Diese Fremdreferenten sind zwar kein direkter Bestandteil der Gliederungsform, es kommt ihnen aber indirekte Bedeutung für den Aufbau der
betrieblichen Bildungsarbeit zu. Die Fremdreferenten erbringen im industriellen Großbetrieb Fortbildungsleistungen im Rahmen des Verkaufs-
trainings, der Führungskräfte-Fortbildung bzw. bei Meister- und Vorarbei-
ter-Seminaren. Die Beziehungen zwischen Fremdreferenten und dem Leiter
der Fortbildungsarbeit können als reine Arbeitskontakte bezeichnet werden[10]. Da sich Verantwortliche für die Bildungsarbeit in dieser Gliederungsform von Fremdreferenten viel schneller trennen können als von internen
Trägern des Bildungswesens, besteht ein Flexibilitätsvorteil zugunsten des
Fremdreferenten. Entspricht die Aufgabenerfüllung der Fremdreferenten
nicht den Vorstellungen der Verantwortlichen im industriellen Großbetrieb,
wird die Erfüllung dieser Bildungsaufgaben rasch anderen Trägern übertragen. Ein großer Vorteil der Fremdreferenten in industriellen Großbetrieben liegt in deren Einbringen von Kenntnissen aus verschiedenen Branchen.
Über die Arbeitskontakte mit Fremdreferenten erhält vor allem die Fort-
und Weiterbildung neue Anregungen für ihre Bildungsarbeit. Der große
Teil der Führungskräfte-Bildungsarbeit wird allerdings an externen Institutionen vollzogen, die der Umwelt des industriellen Großbetriebes zuzu-
ordnen sind.

Der Leiter des Ausbildungswesens ist zuständig für die kaufmännische
Ausbildung, welche sich auf die Berufe Industriekaufmann, Bürokaufmann
bzw. Bürogehilfinnen bezieht. Außerdem leitet er die gewerblich-technische
Ausbildungsarbeit, zu der folgende Ausbildungszweige gehören: Technische
Zeichner, Maschinenschlosser, Werkzeugmacher, Dreher, Elektroanlagen-
installateure, Meß- und Regelmechaniker, Universalschleifer. Im Ausbildungswesen des gewerblichen Bereiches sind einige hauptamtlich tätige
Leiter von Lehrwerkstätten, eine übersehbare Zahl hauptamtlicher Ausbilder und viele nebenamtlich tätige Ausbildungspersonen beschäftigt. Die
praktische Ausbildung wird an zentralen und dezentralen Ausbildungsplätzen[11] geleistet; im theoretischen Unterricht für Auszubildende werden
betriebliche Eigenreferenten eingesetzt. Eigenreferenten werden aufbauorganisatorisch eingegliedert, weil sie zeitlich für die Bildungsträger ver-
fügbar sind und die betrieblichen Gegebenheiten sehr gut kennen.

In Betrieb G wurden zur Lösung von Unterrichtsaufgaben im Rahmen
kaufmännischer und technischer Ausbildungsprogramme Vorgesetzte und
Mitarbeiter der Fachabteilungen berufen.

---

[9] Vgl. Fragebogen, Anhang, Fragen 19 und 26.
[10] Ebenda, Frage 19.
[11] Der gewerblich-technische Sektor wurde in Abb. 3 aus Gründen der Übersichtlichkeit stark vereinfacht dargestellt.

b) Verbindungen innerhalb der Funktionsform

Während für die Beziehungen zwischen dem Leiter der Personalentwicklung und den Abteilungsleitern der Funktionen bzw. dem nachgeordneten Leitungspersonal die Einfachunterstellung (Weisungsbefugnis des Vorgesetzten)[12] gilt, unterliegen sowohl die kaufmännischen als auch die gewerblich-technischen Ausbildungsplätze Doppelunterstellungen. Die dezentralen Ausbildungsplätze sind in gesamtdisziplinarischer Hinsicht dem Leiter der Ausbildungsarbeit (Erziehungsauftrag) und in fachlicher Hinsicht (Unterweisung) den nebenamtlich tätigen Ausbildern unterstellt. Die Leiter der Bildungsarbeit stehen in Querverbindungen zu den jeweiligen Vorgesetzten der Mitarbeiter in den Fachabteilungen. Die Vorgesetzten kennen das Leistungspotential ihrer Mitarbeiter und geben einen eventuellen Bildungsbedarf an die zentralen Träger des Bildungswesens weiter[13].

Aufgabenbedingte Querverbindungen zwischen den beiden Funktionen der Bildungsarbeit sind aufgrund der fachbezogenen Abgrenzung der Aufgabenkombinate selten nötig. Die Kontakte zwischen dem Ausbildungsleiter und dem Leiter der Fortbildungsarbeit bestehen in erster Linie aus dem Erfahrungsaustausch und aus informellen Beziehungen, wie z.B. gemeinsames Mittagessen, private Treffen. Solche Beziehungen stärken das Zusammengehörigkeitsgefühl bzw. die Solidarität der Träger des Bildungswesens gegenüber anderen Betriebsgruppen.

Vorteilhafte, aufgabenbedingte Querverbindungen[14] ergeben sich zwischen nebenamtlich tätigen Ausbildern verschiedener Fachabteilungen, denn es werden positive und negative Ausbildungserfahrungen ausgetauscht.

Horizontale Verbindungen sind zwischen hauptamtlich tätigen Ausbildern innerhalb einer Lehrwerkstatt dann gegeben, wenn sie sich gegenseitig in Fragen der Ausbildung beraten. Diese aufgabenbedingten Verbindungen sind insofern von aufbauorganisatorischer Bedeutung, als sie den umständlichen Weg über die Vorgesetzten ersparen helfen und damit zu einem zügigen Ablauf der Bildungsarbeit beitragen.

Wenn Auszubildende beim Ausbildungsleiter Ausbildungsmängel in einer Fachabteilung beklagen, prüft der Leiter diese Vorgänge. Es ergeben sich intensive Querverbindungen zwischen Funktionsleitung und nebenamtlich tätigen Ausbildern bzw. deren Vorgesetzten. Häufige Querverbindungen sind vor allem dann gegeben, wenn die Ausbildungsarbeit vom beiderseitigen Wunsch nach qualitativ hochwertiger Ausbildungsarbeit getragen wird.

---

[12] Vgl. Fragebogen, Anhang, Frage 13 b.

[13] In Abb. 3 wurde auf die Darstellung von Querverbindungen zwischen Aufgabenträgern verzichtet, weil die Übersichtlichkeit der Strukturbilder dadurch eine negative Beeinflussung erfährt.

[14] Vgl. Fragebogen, Anhang, Frage 13 b.

Hervorzuheben sind in einer Funktionsform die aufgabenbedingten Querverbindungen zwischen dem Leiter der Fort- und Weiterbildungsarbeit und
den Vorgesetzten derjenigen Mitarbeiter, die für Bildungsmaßnahmen in
Frage kommen. Bei Fragen zur Mitarbeiterauswahl bei Besetzung der Kurse,
zur Beurteilung der Kursteilnehmer und bei notwendigen Ergänzungsmaß-
nahmen werden Querverbindungen zwischen obigen Partnern unerläßlich.
Diese Querverbindungen ersparen dem Leiter der Fort- und Weiterbildungsarbeit den mit Leerkosten verbundenen umständlichen Instanzenweg über
die Personalleitung bzw. Geschäftsleitung zum entsprechenden Vorgesetzten. Die Einhaltung des Instanzenweges ist hier unwirtschaftlich und
somit dem Bildungswesen nicht dienlich.

c) Weitere Elemente

Zur Funktionsform des untersuchten Betriebes gehört ein Ausschuß, die
sog. ‚Bildungskommission'[15], die aus dem Leiter der Personalentwicklung,
den Funktionsleitern und dem Betriebsratsvorsitzenden besteht. Dieses
Gremium dient vor allem als Koordinationsinstrument zwischen den hauptamtlichen Leitern der Bildungsarbeit und dem Betriebsrat. In der Bildungskommission wird die Gesamtkonzeption des betrieblichen Bildungswesens
abgestimmt und es werden Fragen des Betriebsrates zur betrieblichen Bildungsarbeit beantwortet. Der Ausschuß gibt die Möglichkeit, daß auch
unterschiedliche Standpunkte aus verschiedenen Ebenen des Aufbaus der
betrieblichen Bildungsarbeit vorgetragen werden. Die Ausschußmitglieder
bringen Beiträge zur Vorbereitung von Bildungsentscheidungen bzw. leisten
Dienste der Koordination bei Interessenkonflikten.

In dem untersuchten Betrieb gibt es vereinzelte Stellenbeschreibungen[16]
für hauptamtlich tätige Leiter der Bildungsarbeit, aber ein Organigramm
für das Bildungswesen liegt nicht vor[17].

Aus der bisherigen Kennzeichnung der Funktionsform des Bildungswesens im industriellen Großbetrieb ergibt sich, daß diese Gliederungsform
ein strukturiertes Gebilde singularer Organisationseinheiten ist, die miteinander bzw. mit der Umwelt verbunden sind.

Das Eignungspotential dieser hauptamtlichen Träger des betrieblichen
Bildungswesens sichert den ordnungsmäßigen Ablauf der Bildungsarbeit.
Alle drei Aufgabenträger benötigen ein ausgeprägtes Durchsetzungsver-
mögen gegenüber den Fachabteilungen[18]. Der Leiter der Personalentwick-

---

[15] Vgl. Fragebogen, Anhang, Frage 18.
[16] Ebenda, Frage 9.
[17] Ebenda, Frage 13.
[18] Ebenda, Frage 36.

lung besitzt mehrjährige Führungserfahrung, wissenschaftlich geprägtes Denkvermögen und hat geistes- bzw. naturwissenschaftliche Bildung. Für die Ausübung der Leitung einer Funktion sind psychologisch-pädagogische, betriebs- und volkswirtschaftliche, juristische und technische Spezialkenntnisse erforderlich. Während die Leitung eines Ausbildungsbereichs durchaus von einem Aufgabenträger mit weniger Berufserfahrung übernommen werden kann, ist es im Fort- und Weiterbildungsbereich angebracht, erfahrene Kräfte mit der Leitung zu beauftragen. Denn diese Führungskräfte bringen in der Regel mehr Verständnis für Aktion und Reaktion von Mitarbeitern der Führungspraxis auf. Demgegenüber ist es vorteilhaft, wenn die jungen Auszubildenden einen Ausbildungsleiter als Partner haben, der ihre moderne Problemwelt versteht. Der Leiter der Fort- und Weiterbildungsfunktion hat einen wissenschaftlich fundierten Studienabschluß und benötigt Sprachkenntnisse, weil zu seinen Aufgaben auch die Disposition von Sprachkursen gehört. Auch zur Vorbereitung und Einzelkontrolle der Leistungsprogramme sind Sprachkenntnisse unerläßlich.

3. Funktionsstärken

a) Kompetenzregelungen

Der Aufbau der Funktionsform des Bildungswesens im industriellen Großbetrieb ist eindeutig und übersichtlich geordnet. Die Ausstattung der leitenden Aufgabenträger mit Kompetenzen ist aufbauorganisatorisch klar geregelt. Die Hauptverantwortung für das betriebliche Bildungswesen liegt bei dem Leiter der Personalentwicklung und die beiden Funktionsleiter sind jeweils für Aus- bzw. Fort- und Weiterbildungsarbeit zuständig.

b) Durchsetzung des Leitungswillens

Die beiden genannten Funktionen der Bildungsarbeit im industriellen Großbetrieb bilden voneinander getrennte Abteilungen, weil die Aufgabenkombinate in ihrem Inhalt unterschiedlich sind und die Aufbauregelungen die Trennung vorsehen. Die Art der Anbindung nachgelagerter Instanzen des Bildungswesens ermöglicht dem Leiter des Personal- und Sozialwesens eine einheitliche Auftragserteilung im Einlinienzusammenhang. In dieser Aufbauform der Bildungsarbeit ist die Durchsetzung des Leitungswillens auf dem Instanzenweg über den Personal- und Sozialleiter ohne Schwierigkeiten möglich. Der gesamte Weisungszusammenhang ist ‚von oben nach unten' straff organisiert. Eine solche Aufbauregelung im Bildungswesen des industriellen Großbetriebes begünstigt die terminsichere Abwicklung der zentralen Bildungsarbeit.

4. Funktionsschwächen

a) Mängel in der Selbstverwirklichung

Wenn die Längsverbindungen zwischen dem Leiter der Personalentwicklung und den Leitern der Funktionen zu straffer Entscheidungsgebundenheit der nachgelagerten Bildungsträger unterliegen, dann können negative Wirkungen auf das Verhalten der unterstellten Mitarbeiter auftreten. Eine solche Organisation der Längsverbindungen zwischen Instanzen bringt dem Leiter der Personalentwicklung zwar weitestgehende Einsicht in die Bildungsarbeit seiner leitenden Mitarbeiter, kann aber zu negativen Folgewirkungen bei den betroffenen Führungskräften führen. Mitarbeiter, die keine wirkliche Eigeninitiative entwickeln können, werden sich nicht richtig mit ihren Führungsaufgaben identifizieren. Hat eine Führungskraft im Bildungswesen ausschließlich vorgegebene Wege einzuschlagen und keine Möglichkeiten zur Selbstverwirklichung, so werden diese Komponenten negativ auf Motivation und Freude an der Bildungsarbeit durchschlagen.

Durch diese Art der Aufbauorganisation des Bildungswesens kann der Ablauf der Bildungsarbeit im industriellen Großbetrieb negativ beeinflußt werden.

Hier soll aber kein systemimmanenter Zusammenhang konstruiert werden, der in jeder Funktionsform vorhanden sein muß. Vielmehr wird darauf hingewiesen, daß eine Funktionsform mit zu straff organisierten Längsverbindungen Mängel in der Selbstverwirklichung der betroffenen Mitarbeiter mit sich bringt[19].

Den genannten, negativen Folgewirkungen kann man durch Förderung von Selbsttätigkeit und Selbstverpflichtung der nachgelagerten Leiter der Bildungsarbeit entgegenwirken. Diesem Ziel kann beispielsweise dadurch entsprochen werden, daß man die Leiter der Ausbildungsarbeit bzw. Fortbildungsarbeit in die Entscheidungsvorbereitung mehr einbezieht.

Die Gewährung eines höheren Maßes an Eigenverantwortung bringt Freiräume für die Entwicklungstätigkeit des Leiters der Personalentwicklung und eröffnet den nachgelagerten Führungskräften des Bildungswesens Möglichkeiten der Selbstverwirklichung, die sich auf die Arbeitsfreude positiv auswirken.

Außerdem bringt die Übertragung von Eigenverantwortung einen Vorteil für den Ablauf der Bildungsarbeit. Wenn nicht mehr alle Entscheidungen vom Leiter der Personalentwicklung getroffen werden müssen, dann dient diese Verkürzung des Instanzenweges der schnelleren Arbeitsabwicklung.

---

[19] Da der Instanzenweg straff ‚von oben nach unten' durchgegliedert ist, unterliegt insbesondere eine Funktionsform der Bildungsarbeit diesen Folgewirkungen.

Diese Argumentation geht davon aus, daß das gegebene Eignungspotential der Funktionsleiter eine solche Aufbauregelung zuläßt.

b) Einseitige Interessendurchsetzung

Ein weiterer Nachteil ergibt sich aus der Zentralorganisation des Aufbaus der Bildungsarbeit. Das gesamte Bildungswesen ist auf den Zentralleiter der Personalentwicklung fixiert, denn fast alle Informationen laufen über diesen Zentralträger. Der Ablauf der betrieblichen Bildungsarbeit kann sich erheblich verzögern, wenn Aufgabenträger des dezentralen Bildungsbereichs in jedem Entscheidungsfalle erst die Zustimmung des zentralen Leiters der Personalentwicklung einholen müssen. Die weitgehende Konzentration der Bildungsinteressen auf eine bestimmte Person kann zur Überlastung dieses leitenden Aufgabenträgers führen.

Die vorrangige Stellung der Zentralinstanzen eröffnet außerdem weitere Schwachstellen im Fort- und Weiterbildungsbereich, die Mitarbeiter des industriellen Großbetriebes betreffen. Mit der geschilderten Art der Aufbauorganisation des Bildungswesens im Betrieb ist eine Tendenz zur einseitigen Interessendurchsetzung der betrieblichen Bildungsziele zu Lasten individueller Bildungswünsche der Mitarbeiter verbunden.

Die Zentralinstanz sollte nicht davon ausgehen, daß sie den Bedarf an Bildungsarbeit am besten kennt und dem Mitarbeiter des Betriebes der ‚richtige Weg‘ zu weisen ist. Diese Art der Zentralorganisation des Bildungswesens im Industriebetrieb fördert kaum, daß der Mitarbeiter seine Entwicklungsmöglichkeiten selbst erkennt.

C. Divisionsform der Bildungsarbeit

1. Erläuterungen zum Begriff

Der aufbauorganisatorische Begriff ‚Division der Bildungsarbeit' im industriellen Großbetrieb bezeichnet eine Gesamtheit strukturierter Aufgabenkombinate.

Eine Divisionsform des betrieblichen Bildungswesens umfaßt beispielsweise zwei Bildungsabteilungen mit getrennter Wahrnehmung von Aus-, Fort- und Weiterbildungsaufgaben in verschiedenen Werken. Die Bildungsdivisionen bilden dezentral angeordnete, strukturierte und koordinierbare Teilsysteme, deren Aufgabenträger relativ unabhängig voneinander fungieren. Diesen Dezentralbereichen steht eine Zentralabteilung des Bildungswesens gegenüber.

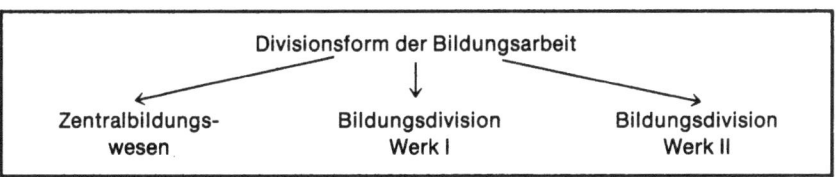

Abb. 4. Teilbereiche einer Divisionsform.

Gleichartige Divisionen der Bildungsarbeit, die in ihrem Aufbau jeweils Aus-, Fort- bzw. Weiterbildungsaufgaben enthalten, finden sich beispielsweise in verschiedenen Werken des Betriebes E[1], der folgender Betrachtung als Musterbetrieb zugrundegelegt werden soll[2]. Die einzelnen Divisionen des Bildungswesens unterstehen jeweils dem dezentralen Werks-Personalwesen und halten Verbindung zum zentralen Personal- bzw. Bildungswesen dieses Betriebes. Die Personalleiter unterstehen der Geschäftsleitung dieses Industriebetriebes, der eine Betriebsgröße von 8500 Mitarbeitern[3] hat und dessen Betriebsaufgabe in Produktion und Absatz von Pumpen[4] besteht.

---

[1] Vgl. Fragebogen, Anhang, Fragen 20 - 26 und 11 - 19.
[2] Vgl. Strukturbild, Abb. 5.
[3] Vgl. Fragebogen, Anhang, Frage 2.
[4] Ebenda, Frage 4.

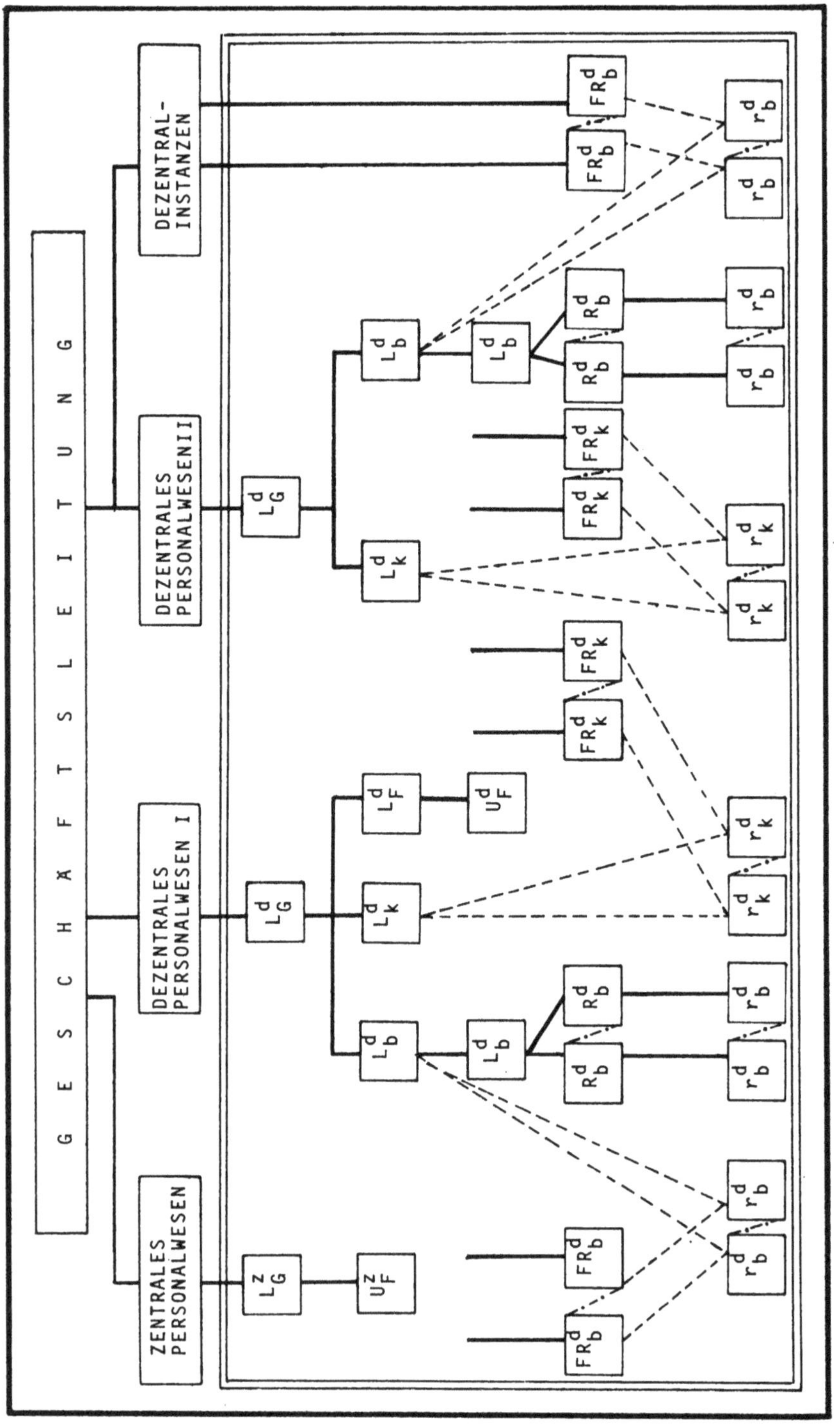

Abb. 5. Strukturbild einer Divisionsform.

2. Darstellung einer Divisionsform

a) Struktur einer Divisionsform

Dem Leiter des Zentralbildungswesens ist eine Organisationseinheit mit zentraler Schulung unterstellt. Die Division des Bildungswesens in Werk I wird von dem Hauptabteilungsleiter mit Handlungsvollmacht geführt, der für die Aus- und Weiterbildungsarbeit zuständig ist.

Dieser Instanz sind jeweils hauptamtlich tätige Abteilungsleiter mit Einzelvollmacht für Fort- und Weiterbildung, gewerblich-technische Ausbildung und kaufmännische Berufsausbildung mit Längsverbindung unterstellt. Der Divisionsleiter hat die reine Weisungsbefugnis der Linie von seiner Instanz aus, über den Leiter der gewerblich-technischen Ausbildung bis zu den nachgelagerten Stellen. Während sich die gewerblich-technische Ausbildungsarbeit auf Schlosser-, Dreher- bzw. technische Zeichnerberufe[5] bezieht, umfaßt die Fort- und Weiterbildungsarbeit ein Sprachlabor mit Fremdreferenten bzw. die fachliche Weiterbildung; die kaufmännische Berufsausbildung ist auf die Ausbildung zum Industriekaufmann ausgerichtet.

Dem Leiter der gewerblich-technischen Berufsausbildung ist ein hauptamtlich tätiger Gruppenleiter für die Schlosserausbildung in der Lehrwerkstatt zugeordnet, der gegenüber verschiedenen hauptamtlichen Ausbildern weisungsbefugt ist. Ausbildungsarbeit in der Division wird an räumlich dezentralisierten Ausbildungsplätzen geleistet. Die außerhalb der Lehrwerkstatt liegenden Ausbildungsplätze des Betriebes unterliegen der Doppelunterstellung. Dem nebenamtlich tätigen Ausbilder in einer Fachabteilung ist der Ausbildungsplatz hinsichtlich der Unterweisung unterstellt und dem Leiter der technisch-gewerblichen Ausbildungsarbeit in disziplinarischer Hinsicht[6]. Die kaufmännischen Ausbildungsplätze unterliegen ebenfalls der Doppelunterstellung von kaufmännischem Ausbildungsleiter und nebenamtlichem Ausbilder.

Eine zweite Division der Bildungsarbeit befindet sich in einem anderen, dezentralisierten Werk dieses industriellen Großbetriebes. Diese Division des Bildungswesens ist ebenfalls in kaufmännische und gewerblich-technische Ausbildungsarbeit untergliedert. Die anfallenden Aufgaben der Fort- und Weiterbildungsarbeit in diesem Werk werden vom Divisionsleiter mitbearbeitet. Gegenüber der bereits dargestellten Division des Bildungswesens hat diese zweite Division eine geringere Komplexität, denn es fehlen beispielsweise ein Sprachlabor und die Stenotypistinnenausbildung[7].

---

[5] Im Strukturbild (Abb. 5) wurde das System der gewerblich-technischen Berufsausbildung sehr stark vereinfacht dargestellt.

[6] Vgl. Fragebogen, Anhang, Frage 20.

[7] Ebenda, Frage 13 bzw. 20.

b) Wesen der Bildungsdivisionen

Den beiden Divisionen der Bildungsarbeit ist gemeinsam, daß die Vorgesetzten ihren Mitarbeitern Verantwortung übertragen. Die Längsverbindungen zwischen den Organisationseinheiten der Bildungsarbeit einer Division sind so gestaltet, daß die Vorgesetzten in Bildungsabteilungen nicht alles allein entscheiden, sondern daß die leitenden Aufgabenträger in die Bildungsarbeit einbezogen werden. Von den betrieblichen Führungskräften in den Fachabteilungen dieses Industriebetriebes wird verlangt, daß sie den Kenntnisstand ihrer Mitarbeiter fördern. Die Leiter der Bildungsdivisionen sind ebenfalls zur Unterstützung dieses Bemühens der Führungskräfte verpflichtet.

Es wird aber auch Eigeninitiative von den Mitarbeitern selbst gefordert, denn es wird beispielsweise davon ausgegangen, daß sie das innerbetriebliche Bildungsangebot und das Angebot der Organisationsumwelt selbständig prüfen. Von jedem Mitarbeiter wird erwartet, daß er die Initiative zur Bildungsarbeit nicht anderen Personen überläßt, sondern daß er sich auch selbst um sein Fortkommen bemüht[8].

Innerhalb einer Bildungsdivision wird ein vertikaler Informationsfluß ,von unten nach oben' angestrebt.

Der Wirkzusammenhang einer Division des Bildungswesens besteht nicht nur im Einlinienzusammenhang von Stellen bzw. Instanzen mit Längsverbindungen, sondern es gibt viele Querverbindungen zu Stellen gleicher und anderer Ebenen des Industriebetriebes. Es sind beispielsweise regelmäßig auftretende Querverbindungen zwischen dem Divisionsleiter der Bildungsarbeit und betrieblichen Führungskräften des Werkes gegeben. Informelle Beziehungen, also zwischenmenschliche Verbindungen mit Privatcharakter, bestehen nicht nur zwischen Trägern innerhalb einer Division, sondern auch zwischen Aufgabenträgern verschiedener Divisionen[9].

Da die Bildungsdivisionen voneinander unabhängige Teilsysteme bilden, existieren wenig Arbeitskontakte zwischen den Aufgabenträgern der Divisionen.

Innerhalb einer Bildungsdivision leiten sich konkrete Bildungsmaßnahmen aus Förderungsgesprächen[10] von dezentralen Vorgesetzten mit Mitarbeitern ab. Zu diesen Gesprächen können auch Leiter des Bildungswesens in Divisionen hinzugezogen werden. Die konkreten Vereinbarungen werden zentral erfaßt und auch von Aufgabenträgern der Bildungsdivisionen festgehalten.

---

[8] Vgl. Fragebogen, Anhang, Frage 22.
[9] Ebenda, Frage 20 bzw. 13.
[10] Ebenda, Frage 22.

Die Aufgaben- bzw. Kompetenzstruktur der Führungskräfte des Bildungswesens in Divisionen ist in Aufbaurichtlinien klar erfaßt. Für die Instanzen der Divisionsleiter liegen in Betrieb E Stellenbeschreibungen[11] vor. Organigramme für die Bildungsdivisionen existieren in diesem Betrieb allerdings nicht[12].

c) Koordination der Divisionen

Nicht nur die Bildungsdivisionen sind bedeutsamer Bestandteil der Personal- und Bildungsarbeit dieses Betriebes, sondern auch die Träger der Zentralabteilung.

Der Leiter des zentralen Bildungswesens hat als Hauptaufgabe die Koordination der Bildungsdivisionen[13], damit die Divisionsinteressen nicht zu weit auseinandergehen und vor allem die Einheitlichkeit des betrieblichen Bildungswesens nicht gefährdet wird.

Er hat außerdem Umweltkontakte bzw. Kontakte zum Betriebsrat wahrzunehmen, Umweltänderungen zu prognostizieren und langfristige Entwicklungsprogramme aufzustellen.

Unter der Leitung von Eigen- und Fremdreferenten wird in zentralen Organisationseinheiten Fort- und Weiterbildung betrieben, die ein weitreichendes Programm umfaßt. Für die Mitarbeiter dieses Industriebetriebes werden Verkaufstraining, Training für oberste und obere Führungskräfte, Meisterseminare und Gruppenleiterseminare organisiert. Der Zentralleiter der Bildungsarbeit kümmert sich um überfachliche Fort- und Weiterbildungsarbeit und um übergreifende Themen.

Zwischen dem Leiter des zentralen Bildungswesens und den Leitern der Bildungsdivisionen bestehen Querverbindungen[14], die der Koordination des Bildungsgeschehens im industriellen Großbetrieb dienen.

Ein weiterer Koordinationsfaktor im Aufbau der Divisionsform ist ein regelmäßig tagender Ausschuß, dem die Leiter des zentralen Personal- bzw. Bildungswesens, die dezentralen Leiter des Werks-Personalwesens und die Leiter der Bildungsdivisionen angehören[15].

d) Aufgaben eines Divisionsleiters

Vom Leiter der Bildungsdivision des Werkes I wird die grundlegende Bildungskonzeption erstellt, mit dem Personalchef bzw. dem Zentralbil-

---

[11] Ebenda, Frage 9.
[12] Ebenda, Frage 12.
[13] Ebenda, Frage 15.
[14] Ebenda, Frage 13 b.
[15] Ebenda, Frage 18.

dungsleiter und dem Betriebsrat abgestimmt und danach in die endgültige Fassung gebracht. Aufgrund der auftretenden Veränderungen ist die Konzeption ständig den neuen Verhältnissen anzupassen.

Die Konzeption im Bereich der Weiterbildung geht davon aus, daß nur Bildungsmaßnahmen ergriffen werden, die im Interesse des Unternehmens als notwendig anzusehen sind. Der Leiter der Bildungsdivision führt regelmäßig Analysen des Bildungsbedarfs durch, um den echten Bildungsbedarf zu erfassen. Im Bereich der Ausbildungsarbeit besteht vor allem die Aufgabe der Erhaltung des Ausbildungsniveaus und das Problem der Auswahl von Jugendlichen.

Das Aufgabenkombinat des Gesamtleiters einer Division der Bildungsarbeit umfaßt eine Fülle von Detailaufgaben[16]. Er erarbeitet die Daten für den Führungsnachwuchsplan, entscheidet über die Einstellung von Auszubildenden im Rahmen der Personalplanung und wirkt entscheidend bei der Entwicklung von Bildungskonzeptionen mit. Darüber hinaus ist er verantwortlich für die Durchführung und Einhaltung der Bestimmungen des Jugendarbeitsschutzgesetzes und des Berufsbildungsgesetzes. Auch die Verantwortung für die Anpassung des firmeninternen Berufsausbildungssystems an neue, extern bedingte bildungspolitische Gegebenheiten hat er zu tragen. Außerdem überwacht er die inhaltliche Ausgestaltung und die organisatorische Durchführung der Berufsausbildung. Bei der Entwicklung von Ausbildungsmodellen wirkt er entscheidend mit, um das Bildungswesen dieses Industriebetriebes stets auf einem fortschrittlichen Stand zu halten[17].

Der Bildungsleiter veranlaßt nicht nur in regelmäßigen Zeitabständen die Durchführung von Bildungsanalysen bzw. der fachlichen Weiterbildung, sondern er ist auch verantwortlich für die Erstellung von fachlichen Weiterbildungsprogrammen bzw. von Bildungsprogrammen für die überfachliche Weiterbildung.

Um die Effektivität der Bildungsarbeit zu verbessern, steuert er die Entwicklung und Einführung neuer Lehr- und Lernmethoden, übt im Rahmen der Weiterbildungsveranstaltungen selbst Lehrtätigkeiten aus, berät Führungskräfte, Mitarbeiter und Eltern von Auszubildenden und läßt Personalkarteien führen.

Der Leiter der Bildungsdivision überwacht die personelle und sachliche Organisation der Bildungsveranstaltungen und trifft die notwendigen Raumdispositionen in Schulungseinheiten. Er ist ebenfalls verantwortlich für die Entsendung von Mitarbeitern zu externen, fachlichen Bildungsveranstal-

---

[16] Die Aufgaben wurden fast wörtlich aus der Stellenbeschreibung für den Leiter einer Division in Betrieb E entnommen.

[17] Vgl. Fragebogen, Anhang, Frage 9.

tungen. Dieser Bildungsleiter koordiniert die gesamte Divisions-Bildungs-
arbeit und ist mitverantwortlich für einen Teil der Werkszeitschrift. In seinen
Aufgabenbereich fallen auch Planung und Kontrolle der Berufsbildungs-
kosten bzw. der ressortbezogenen Kosten für die externe, fachliche Fort-
und Weiterbildung.

Er vertritt den Industriebetrieb gegenüber der Organisationsumwelt in
Institutionen und Verbänden, damit die Interessen des Unternehmens bei
Entscheidungsprozessen wahrgenommen werden[18].

e) Eignungsfaktoren von Aufgabenträgern

Vom Interviewpartner wurde besonders betont, daß die Kooperations-
bereitschaft aller beteiligten Führungskräfte Grundvoraussetzung für das
Funktionieren der Bildungsarbeit in diesem Betrieb ist[19]. Vor allem der
zentrale Leiter des Bildungswesens hat die wichtige Aufgabe der Koordination der gesamten Bildungsarbeit. Zur Bewältigung dieser Aufgaben sind
insbesondere Anpassungsbereitschaft, Beweglichkeit und Verhandlungs-
geschick gefragt.

Der Leiter einer Division muß überdurchschnittlich belastbar sein, weil
seine Aufgabenstellung sehr differenziert und schwierig zu bewältigen ist.
Die relativ hohe Anzahl hauptamtlich tätiger Führungskräfte im Bildungswesen dieses Betriebes sucht bei außergewöhnlichen Problemen die Grund-
satzentscheidung ihres Chefs. Zur Erfüllung der Führungsaufgaben sind
Selbständigkeit, Selbstvertrauen und Verantwortungsbewußtsein ebenso
wichtig wie Willenskraft und Kreativität. Hinsichtlich der aus- bzw.
fortbildungsbedingten Eignung kommen im gewerblich-technischen Bereich
naturwissenschaftliche Kenntnisse gegenüber geisteswissenschaftlichem
Wissen in den Vordergrund. Die zur Wahrnehmung dezentraler Entscheidungen notwendigen Facheinsichten ,vor Ort' bilden eine notwendige Basis
zur Bewältigung von Führungsaufgaben des Divisionsleiters.

Aufgrund der ähnlich gelagerten Führungsproblematik sind Stellvertre-
terprobleme auf gleichen Divisionsebenen relativ leicht lösbar. Allerdings
ist mit Anpassungsschwierigkeiten von Führungskräften an die neue Um-
gebung zu rechnen.

Die in Divisionen des Bildungswesens tätigen, hauptamtlichen Ausbilder
haben in der Regel die Meisterprüfung abgelegt und besitzen den Befähi-

---

[18] Auf die Frage, welche relative Bedeutung die Teilaufgabenbereiche dieser Instanz
haben (Zeitanteil eines Aufgabenbereiches in % der Gesamtaufgabe), wurde folgende
Antwort gegeben: Während auf Planungsaufgaben 20 %, Beratungs- und Kontaktaufgaben 25 %, Verwaltungs- und Organisationsaufgaben 15 %, Führungs- und
Erfolgskontrolle 20 % entfielen, verblieben für die Aufgaben der Realisation 15 %
und 5 % für andere Aufgaben (vgl. Fragebogen, Anhang, Frage 40).

[19] Vgl. Fragebogen, Anhang, Frage 36.

gungsnachweis für berufs- und arbeitspädagogische Kenntnisse gemäß der
Ausbilder-Eignungsverordnung. Auch einige nebenamtlich tätige Ausbilder
haben diesen Befähigungsnachweis.

3. Vorteile dieser Gliederungsform

a) Zuständigkeitsregelungen

Die Kompetenzen und Verantwortungsverhältnisse sind für zentrale und
dezentrale Instanzen der Bildungsarbeit in schriftlich vorliegenden Aufbaurichtlinien klar und eindeutig geregelt. Die Verbindungen zwischen den
singularen Organisationseinheiten sind in der Regel als Einfachunter-
stellungen und Arbeitskontakte organisiert. Auf Ausbildungsplatzebene
gibt es Doppelunterstellungen, denn der Auszubildende ist dem nebenamtlichen Ausbilder im Rahmen der täglichen Unterweisungsarbeit diszipli-
narisch bzw. fachlich unterstellt und dem Ausbildungsleiter in erzieherischer
Hinsicht mit Disziplinarfunktion zugeordnet. Diese Zuständigkeitsregelungen haben sich über viele Jahre hinweg bewährt[20].

b) Förderung von Eigeninitiative

Von den Verantwortlichen des Industriebetriebes mit Divisionsform der
Bildungsarbeit wird Wert auf die Förderung der Eigeninitiative von Mitarbeitern des Bildungswesens gelegt[21]. Dieses Bestreben äußert sich in verschiedenen Merkmalen des Aufbaus der Bildungsarbeit dieses Betriebes.

Die Bildungsleiter sehen in den Längsverbindungen zu ihren Mitarbeitern
keine einseitigen Kommunikationswege, die häufige Eingriffe in nachgelagerte Aufgabenbereiche nötig machen, sondern sie erwarten von ihren
Mitarbeitern ein hohes Maß an Selbstverpflichtung, das permanenten Einfluß
nicht erforderlich macht.

Die Vorgesetzten pflegen einen kooperativen Führungsstil und bemühen
sich, ihren Mitarbeitern nur im Bedarfsfall helfende Unterstützung zu
leisten. Dieses grundlegende Prinzip[22] führt aber nicht zur Vernachlässigung
der Führungsaufgaben, sondern es wird der aktuelle Stand der Bildungsarbeit in regelmäßigen Gesprächen mit den Mitarbeitern überprüft.

Eine weitere Stärke der Divisionsform wird in dem Bemühen der Verantwortlichen gesehen, die Aufbauorganisation des Bildungswesens ,von

---

[20] Vgl. Fragebogen, Anhang, Frage 29.

[21] Ebenda, Frage 22.

[22] Dieses Prinzip kann als Subsidiaritätsprinzip des Aufbaus der Bildungsarbeit
bezeichnet werden. Es leitet sich aus dem Subsidiaritätsprinzip der Personalorganisation ab (vgl. Crisand, E.: Prinzipien der Personalorganisation, Diss., Mannheim (1963), S. 146 ff.).

unten nach oben' zu gestalten, damit die Willensbildung auch von nachgelagerten Aufgabenträgern vollzogen wird. Ein Beispiel aus der betrieblichen Praxis des Betriebes E[23] soll diese Aussage verdeutlichen.

Geht man davon aus, daß im Betrieb das Problem der Neugestaltung der
Seminar-Bildungsarbeit für Führungskräfte besteht, so entwirft der Leiter
der fachlichen Weiterbildung in Abstimmung mit dem Divisionsleiter des
Bildungswesens einen ,Vorplan'. Nach Erreichen einer gewissen Reife des
Planes wird im Koordinationsausschuß über den Vorschlag diskutiert und
ein Programmentwurf ausgearbeitet.

Nach Durchsicht des Planes reicht der Personalleiter des betreffenden
Werkes die Unterlagen an den Betriebsrat weiter. In Abstimmung mit dem
Personalleiter entscheidet dann – vor allem in wichtigen Fällen – der Werks-
vorstand über die Angelegenheit. Sowohl Vorstand als auch Personalleiter
nehmen also die Entscheidung nicht vorweg, sondern lassen die nachgelagerten Aufgabenträger eigene Vorschläge entwickeln. Die Eigeninitiative
der betreffenden Mitarbeiter des Bildungswesens im Industriebetrieb wird
dadurch gefördert.

Ein weiterer Beitrag zur Förderung von Eigeninitiative und Selbstverpflichtung von Mitarbeitern des Bildungswesens ist in der Dezentralisierung
der Bildungsarbeit zu sehen.

Die Entscheidungsgewalt geht nicht von *einem* Machtzentrum aus, sondern
die Macht verlagert sich auf verschiedene, selbständig agierende Bildungsleiter von Divisionen. Die Bildungsarbeit dieser Divisionen erfährt eine
Koordination durch das zentrale Bildungswesen.

Den dezentralen Trägern des Bildungswesens haben die Verantwortlichen
dieses industriellen Großbetriebes ein relativ hohes Maß an Entscheidungs-
freiheit und Selbständigkeit gegeben, weil sie sich davon eine Verbesserung
der Qualität des Bildungswesens versprechen. Die Bildungsleiter sollen bei
der Planung auch individuelle Bildungsinteressen berücksichtigen.

Die Bildungsleiter der Divisionen haben keine unbegrenzten Entfaltungs-
möglichkeiten, denn es existiert ein zentraler Bildungsleiter, dessen Hauptaufgabe die Koordination der Divisionen ist. Dieser Aufgabenträger hat
Sorge dafür zu tragen, daß die Einheit der Bildungsarbeit nicht verlorengeht
und Kontakte zum Betriebsrat bestehen. Insbesondere bei der Wahrnehmung
von Verbindungen zum Betriebsrat des Unternehmens ist es von Bedeutung,
daß der Industriebetrieb ,mit einer Stimme' vertreten wird. Denn würden
die Leiter aller drei Teilsysteme mit dem Betriebsrat getrennt verhandeln,
so könnten Widersprüche und Risiken entstehen, die der Wahrnehmung
betriebspolitischer Interessen entgegenstehen[24].

---

[23] Vgl. Fragebogen, Anhang, Frage 31.

4. Problemkomplexe der Divisionsform

a) Doppelte Aufgabenwahrnehmung

Mit der weitgehenden Selbständigkeit bei der Verwirklichung von Aufgabenstellungen innerhalb der Divisionen des Bildungswesens ist die Möglichkeit doppelter Aufgabenwahrnehmung verbunden. Es ist nicht auszuschließen, daß Statistiken mehrfach geführt werden, Kontakte zu gleichen Umweltinstitutionen mehrfach vorgenommen werden, Bildungsablaufpläne mehrmals erarbeitet werden und im Rahmen der Bildungsrealisation die Bildungskapazitäten aufgrund getrennter Veranstaltungen nicht optimal genutzt werden können. Doppelte Bildungsarbeit erfolgt auch dann, wenn nicht nur in Divisionen, sondern auch in der Bildungszentrale Informationen über Teilnehmer an Führungsseminaren gesammelt werden.

Da Doppelarbeit Kostenunwirtschaftlichkeit der Bildungsarbeit im industriellen Großbetrieb mit sich bringt, ist nach Gestaltungsmaßnahmen zu suchen, die diese Divisionsschwächen beseitigen helfen. Mögliche Doppelarbeit in den einzelnen Divisionen der Bildungsarbeit kann dadurch beschränkt werden, daß Mitarbeiter der Zentrale des Bildungswesens zunächst Schwachstellen zu ergründen suchen, diese gegenüber den Divisionen aufdecken und die Doppelarbeit in einem Katalog festhalten.

Im Koordinationsausschuß[25] sollte dann darüber gesprochen werden, wie die Wahrnehmung bisheriger Doppelarbeit verhindert werden kann. Die Übernahme der bisher doppelt geleisteten Bildungsarbeit von einer Division für die jeweils andere Division sollte so organisiert werden, daß die Abhängigkeit einer Division von einer anderen Division nicht zu gravierend wird. Im Ausschuß sollte man zu Lösungen kommen, die von beiden Divisionen als hinreichend gerecht empfunden werden. Die Leiter der Divisionen sollten sich damit einverstanden erklären, daß Karteien über Teilnehmer der Divisionen an Bildungsseminaren – einheitlich für alle Divisionen – von der Zentrale geführt werden, weil diese Daten längerfristig für den Gesamtbetrieb bedeutsam sind.

b) Konflikte

Auf den ersten Blick könnte man annehmen, daß durch die separate Aufgabenwahrnehmung und den hohen Grad der Selbständigkeit von Divisionen Konflikte zwischen den Teilsystemen kaum vorkommen. Dieser erste Ein-

---

[24] Vom Interviewpartner in Betrieb E wurde auch besonders betont, daß die Einheitlichkeit der Personalpolitik bzw. die Anpassungsfähigkeit des Systems an die Organisationsumwelt zu wahren sind (vgl. Fragebogen, Anhang, Frage 30).

[25] Ein solcher Ausschuß existiert in Betrieb E bereits.

druck wird aber von den Gegebenheiten in der Wirklichkeit widerlegt. Da die leitenden Aufgabenträger – gemäß ihrer Aufgabenstellung – möglichst viel für ‚ihre‘ Division der Bildungsarbeit erreichen möchten, besteht die Möglichkeit, daß sie die Gesamtheit des Bildungswesens aus dem Auge verlieren. Dies wird beispielsweise dann vorkommen, wenn der Leiter einer Division des Bildungswesens ein komfortables Sprachlabor für ‚seine‘ Mitarbeiter einrichten läßt, obgleich diese Einrichtung in anderen Divisionen viel notwendiger wäre.

Ebenso wird es zu Unstimmigkeiten der Führungskräfte des Bildungswesens kommen, wenn leitende Mitarbeiter eines Werkes von ‚ihrer‘ Divisionsleitung des Bildungswesens viel häufiger zu interessanten Management-Seminaren berufen werden als Mitarbeiter anderer Divisionen, die solche Kenntnisse unbedingt benötigen.

Die Übertragung eines hohen Grades an Selbständigkeit auf Divisionen der Bildungsarbeit wird sich aufbauorganisatorisch dann negativ auf den Bildungsablauf des industriellen Großbetriebes auswirken, wenn manche Mitarbeiter das Vertrauen zu subjektiven Zwecken ausnutzen. Wird den Mitarbeitern ein relativ hoher Selbständigkeitsgrad eingeräumt, so mag diese Organisationsmaßnahme manchen Beschäftigten zu eigennützigem Verhalten verführen.

Solche Egoismen von Divisionsmitarbeitern sind durch aufbauorganisatorische Maßnahmen nicht völlig auszuschließen. Demgegenüber soll aber nicht verkannt werden, daß ein gesundes Maß an Abteilungsegoismus durchaus Bestandteil dieser Form der Aufbauorganisation des Bildungswesens ist.

In der praktischen Bildungsarbeit bleibt es auch hinsichtlich der Divisionsform nicht aus, daß die aufbauorganisatorischen Zwecke nicht erfüllt werden. Es ist ein wesentliches Ziel dieser Form der Aufbauorganisation des Bildungswesens, daß die Instanzen zentraler Bildungsarbeit für die Koordination der Divisionen des Bildungswesens sorgen.

Im praktischen Vollzug der Bildungsarbeit ergeben sich aber Abstimmungsschwierigkeiten zwischen der Bildungszentrale und den Bildungsdivisionen, weil Abteilungsehrgeiz sinnvolle Abstimmung häufig behindert. Die Divisionsleiter lassen sich von der Zentrale nicht gern ‚Vorschriften‘ machen und werfen den Zentralmitarbeitern Unkenntnis der ‚Gegebenheiten vor Ort‘ vor.

Umgekehrt werden Leiter von Divisionen der Bildungsarbeit beschuldigt, sich nicht an die für den gesamten Industriebetrieb geltenden Abmachungen zu halten. Solches Konfliktpotential behindert in der Regel die schnelle und terminsichere Abwicklung der Bildungsarbeit und kann sich außerdem auf die Arbeitsfreude der betroffenen Mitarbeiter negativ auswirken.

c) Vorschläge zur Konfliktbewältigung

Bestehende Konflikte zwischen Aufgabenträgern des betrieblichen Bildungswesens im industriellen Großbetrieb sind nicht in jedem Falle durch aufbauorganisatorische Maßnahmen lösbar. Der Koordinationsausschuß sollte als Einrichtung der Aufbauorganisation genutzt werden, um akute Probleme sachlich, unter eindeutiger Beweisführung, zu diskutieren. Koordinationsschwierigkeiten zwischen Zentrale und Bildungsdivisionen lassen sich eindämmen, wenn beide Seiten Anpassungsbereitschaft und Konzessionsvermögen zeigen.

In besonders schwierigen Fällen werden sich die Leiter des Personalwesens verstärkt einschalten müssen. Wenn allerdings die Erhaltung der Einheitlichkeit der Personalpolitik ebenfalls gefährdet ist, wird die grundsätzliche Problematik auf eine höhere Ebene verlagert.

Abschließend soll nochmals hervorgehoben werden, daß die dezentral orientierte Aufbauorganisation des Bildungswesens vor allem dann mit Risiken verbunden ist, wenn das in die Eigeninitiative gesetzte Vertrauen von minderqualifizierten Mitarbeitern untergraben wird. Geht man von der Voraussetzung aus, daß den genannten Maßnahmen kein Bildungswille oder Desinteresse der betreffenden Mitarbeiter gegenübersteht, werden Mißerfolge im Bildungsablauf und hinsichtlich der Wirtschaftlichkeit des Bildungswesens nicht ausbleiben.

Daraus kann die Erkenntnis abgeleitet werden, daß schematische Lösungen keine Erfolgschancen haben, sondern daß sich der Organisator des Aufbaus der Bildungsarbeit an den konkreten Möglichkeiten des Betriebes zu orientieren hat. Eine anspruchsvolle Aufbauorganisation einer Divisionsform ist sehr eng mit dem Qualifikations- und Eignungspotential der leitenden Aufgabenträger dieses Systems verbunden. Schnelle und terminsichere Abwicklung der Bildungsarbeit hängt in hohem Maße von diesen Faktoren ab.

Die Divisionsform des Aufbaus der Bildungsarbeit hat den Vorzug, daß mit der Dezentralisierung des Bildungswesens einer Aufblähung der Zentralaufgaben entgegengewirkt wird. Der Instanzenzug ist aufbauorganisatorisch so gestaltet, daß Möglichkeiten der Entwicklung von Eigeninitiative, Selbstverpflichtung, Motivation und Verantwortungsübernahme gegeben sind.

D. Matrixform der Bildungsarbeit

1. Begriff Matrixform

Das Wort ‚Matrix‘, das man in der Mathematik zur Bezeichung einer Faktorenanordnung von Zeilen und Spalten verwendet, wird auch in der Organisationstheorie gebraucht. Die Übernahme dieses Begriffes bietet sich zur Kennzeichnung einer Gliederungsform der Bildungsarbeit an, weil in der Praxis vorgefundene Systeme[1] genau diejenigen Kriterien aufweisen, die für eine Matrix typisch sind. Als Faktoren der Matrix können nämlich die Organisationseinheiten der Bildungsarbeit, und als Zeilen- bzw. Spaltenmerkmale können die Verbindungswege zwischen den Einheiten interpretiert werden.

Wie aus Abb. 6 zu ersehen ist, stehen sich auf Geschäftsleitungsebene als Produktgruppen oder Werke verschiedene Unternehmensbereiche[2] und Zentralbereiche für Personal, Finanzen, Technik, Betriebswirtschaft usw. gegenüber. Der Geschäftsleitung unterstehen sowohl zentrale als auch dezentrale Organisationseinheiten mit Bildungsaufgaben.

2. Aufbau einer Matrix des Bildungswesens

a) Zentrale Organisationseinheiten

Dem Personalvorstand als Leiter des Zentralpersonalwesens ist der Leiter der Bildungsarbeit direkt unterstellt. Dieser leitende Aufgabenträger ist ein wichtiges Organ der Bildungsarbeit[3], weil es eine Koordinationsinstanz darstellt. Der Leiter der zentralen Bildungsarbeit hält engen Kontakt zur Geschäftsleitung, die von ihm Beratung, Vorschläge und Entscheidungs-

---

[1] Die darzustellenden Strukturinhalte der Matrixform des Bildungswesens gehen auf empirische Ergebnisse zurück, die in Betrieb H gesammelt wurden. Darüber hinaus konnten Matrixgesichtspunkte auch in Betrieb M verzeichnet werden (vgl. Anhang, Fragen 11 - 19 bzw. Nr. 20 - 26). Aufgrund des entscheidend umfangreicheren Aufgabenausmaßes der Bildungsarbeit in Betrieb M war die Aufgabenstruktur dieser Gliederungsform noch umfassender und gestattete einen weniger guten Einblick in die wesentlichen Strukturen dieses Systems. Der hier untersuchte Betrieb H beschäftigt sich mit Forschung und Entwicklung im Bereich der Luftfahrt. Aufgrund eines hohen Bildungsbedarfs sind die Aufgaben umfassend.

[2] Beispiele Betrieb H: ‚Flugzeuge‘, ‚Apparate‘, ‚Verkehr‘ usw. Betrieb M: ‚Bauelemente‘, ‚Datentechnik‘, ‚Energietechnik‘ usw.).

[3] Vgl. Abb. 6 dieser Arbeit.

vorbereitung im Rahmen der Bildungsarbeit erwartet. Es sind nicht nur Grundsatzfragen zu beantworten und Innovationen zur Bildungspolitik hervorzubringen, sondern auch grundlegende Richtlinien zu erarbeiten, Zukunftsprojekte zu entwickeln und den Unternehmensbereichen Informationen bzw. Beratung zu geben.

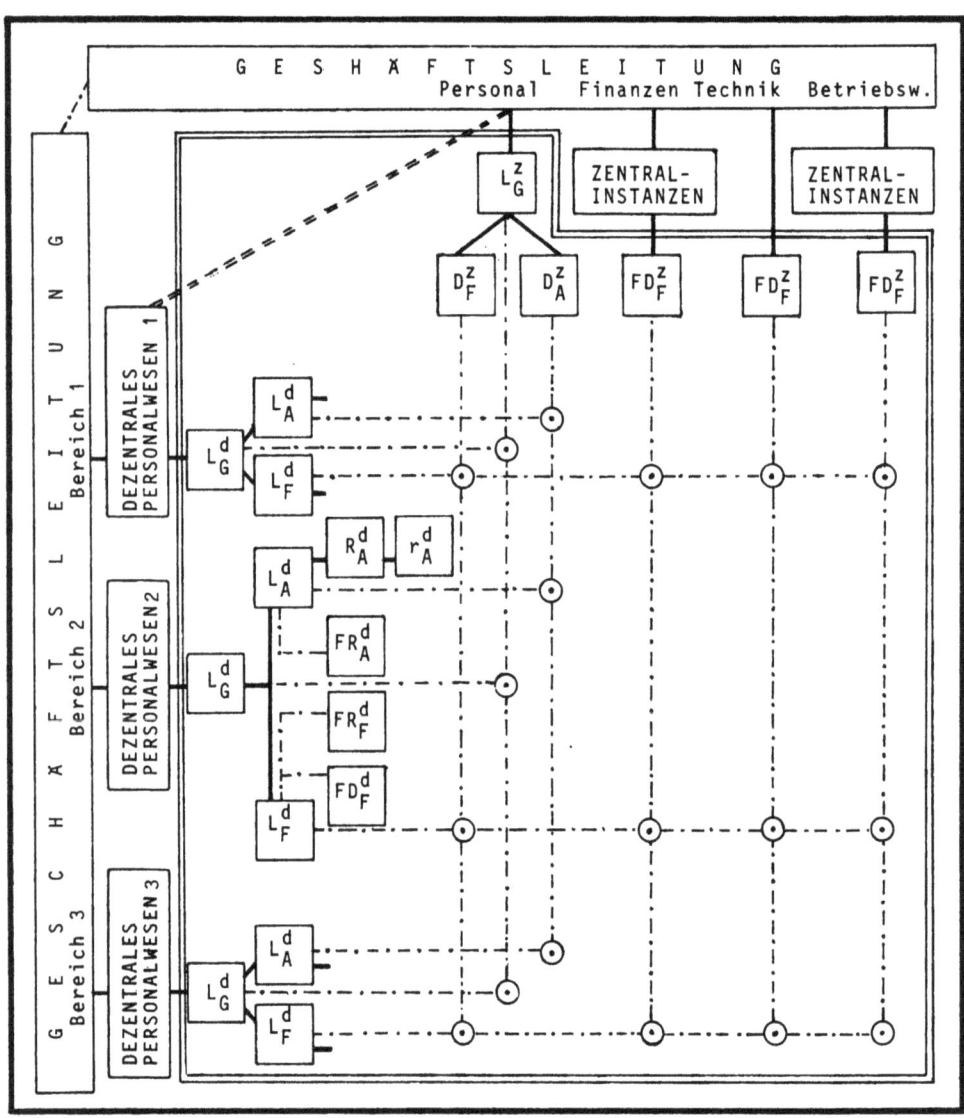

Abb. 6. Strukturbild einer Matrixform.

Die Ergebnisse der Bildungsarbeit, die in den verschiedenen Unternehmensbereichen geleistet wurden, sind miteinander zu vergleichen. Der
Leiter des zentralen Bildungswesens hat ein Mitspracherecht bei der personellen Besetzung der Personalbildungsstellen. Zu seinen wesentlichen
Aufgaben zählt auch die Kontaktpflege zu externen Bildungsträgern, Amtspersonen und Verantwortlichen in Konkurrenzbetrieben bzw. Lieferanten
des Betriebes. Die interne bildungspolitische Meinungsbildung ist anzuregen
und das Wesen der Bildungsarbeit des Industriebetriebes ist nach außen
zu artikulieren. Der Bildungsleiter wirkt bei Entscheidungsprozessen in
externen Gremien mit und kooperiert intern mit dem Betriebsrat[4]. Diesem
zentralen Leiter der Bildungsarbeit sind zentrale Disponenten für Fortbildungsarbeit und Ausbildungsarbeit unterstellt.

Diese zentralen Disponenten der Bildungsarbeit kümmern sich als Referenten des Bildungswesens um den innerbetrieblichen Erfahrungsaustausch
zwischen dem Bildungspersonal und helfen bei der Koordination der Ausbzw. Fortbildungsarbeit in den Unternehmensbereichen. Sie erarbeiten Ziele
und Richtlinien für die Bildungsarbeit im Industrieunternehmen, erstellen
langfristige Bildungskonzepte und sorgen vorbereitend für notwendige Anpassungen an Umweltänderungen. Sie haben Methoden der Bedarfsermittlung zu entwickeln und Methoden der Beurteilung von Bildungsmaßnahmen
ausfindig zu machen. Sie planen und organisieren die Durchführung zentraler Programme und stimmen sie mit dem Gesamtbetriebsrat ab[5].

Auch die Erstellung von Bildungsstatistiken über Maßnahmen, Teilnehmer
bzw. Kosten der Bildungsarbeit und die Planung des modernen Lehr- und
Lernmitteleinsatzes gehören zum Aufgabenkombinat. Die dispositiv tätigen
Aufgabenträger nehmen Kontakte zu anderen Firmen, Verbänden und Bildungsinstituten auf. Da kaum Unterrichtungsaufgaben bzw. Unterweisungsaufgaben wahrgenommen werden, kann man davon ausgehen, daß die
Realisation der Bildungsarbeit im Hintergrund bleibt. Im Rahmen ihrer
Beratungsfunktion kann die zentrale Personalbildungsabteilung formelle
Empfehlungen an zentrale und dezentrale Aufgabenträger der Bildungsarbeit geben. Sie ist außerdem berechtigt, zu Besprechungen einzuladen und
Arbeitskreise aus zentralen und dezentralen Aufgabenträgern des Bildungswesens zu bilden.

In den verschiedenen Zentralbereichen findet man Aufgabenträger, die
sich hauptsächlich mit Finanzierungsaufgaben, technischen Aufgaben oder
anderen betriebswirtschaftlichen Aufgaben beschäftigen. Diese Aufgabenträger sind im Rahmen der Fort- und Weiterbildung als zentrale Weiterbildungsberater[6] nebenamtlich tätig. Sie haben unter anderem die Aufgabe,

---

[4] Internes Firmenpapier v. 15. 5. 1975, S. 6.
[5] Ebenda, S. 8.
[6] Internes Firmenpapier, Betrieb H, S. 20.

Bildungsmaßnahmen zur Vermittlung von generellem, fach- und funktions-
bezogenem Wissen und Können auszulösen. Während unter funktionsbe-
zogenem Wissen und Können das Erlernen und Verbessern von arbeitsplatz-
und produktorientierten Kenntnissen und Fähigkeiten bzw. von Führungs-
techniken zu verstehen ist, wird unter generellem Wissen und Können die
Information über human- bzw. naturwissenschaftliche Kenntnisse, wirt-
schaftliche und gesellschaftspolitische Probleme zusammengefaßt. Diese
Art der Darstellung verdeutlicht gleichzeitig das inhaltliche Spektrum der
Fort- und Weiterbildungsarbeit in diesem industriellen Großbetrieb mit
Matrixform. Die zentralen Weiterbildungsberater haben außerdem die
Aufgaben, die Weiterbildungsverantwortlichen bei der Wahrnehmung von
Bildungsaufgaben zu unterstützen und eng mit dem zentralen Bildungs-
wesen zusammenzuarbeiten.

b) Dezentrale Aufgabenträger[7]

Gegenüber dem Zentralen Personalwesen gibt es in den einzelnen Unternehmensbereichen verschiedene dezentrale Personal- bzw. Bildungsabteilungen.

Dem Personalleiter eines Unternehmensbereiches ist ein dezentraler
Bildungsleiter direkt unterstellt. Dieser Verantwortliche für dezentrale
Bildungsarbeit ermittelt als hauptamtlicher Leiter der Personalbildung[8] in
einem Unternehmensbereich den Bildungsbedarf seines Bereiches und entscheidet selbständig über die Art der Bildungsmaßnahmen. Je nach Unternehmensbereich sind die einzelnen Leiter der Personalbildung für die Bildungsarbeit im Hinblick auf Flugzeugbau, Apparatebau bzw. Raumfahrt
usw. zuständig. Jeder dezentrale Leiter der Personalbildung entwickelt
innerbetriebliche Bildungsprogramme und entsendet Teilnehmer zu außerbetrieblichen Seminaren. Sie beraten Vorgesetzte und Mitarbeiter in Fragen
der Mitarbeiterweiterbildung und koordinieren das Bildungswesen ihres
Bereiches mit den Zentralstellen. Beurteilung und Bewertung des Bildungs-
erfolges, Budgetierung der Bildungskosten und die Zusammenarbeit mit
dem Leiter des Zentralbildungswesens gehören zu ihren wesentlichen Aufgaben.

Jedem dezentralen Bildungsleiter ist ein Ausbildungsverantwortlicher
direkt unterstellt[9]. Unabhängig davon, ob es sich um kaufmännische oder
technisch-gewerbliche Bildungsarbeit handelt, legt ein Ausbildungsver-

---

[7] Die Skizze (Abb. 6) ist als Modell zu interpretieren; sie enthält aus Gründen der
Übersichtlichkeit nicht die singularen Organisationseinheiten der unteren Ebenen
der Gliederungsform. Es werden nur diejenigen Informationen gegeben, die zur Darstellung einer Matrixform wesentlich sind.

[8] Internes Firmenpapier, Betrieb H, S. 14.

[9] Ebenda, S. 15.

antwortlicher Methodik und Didaktik der Ausbildungsarbeit fest, organisiert und leitet die Ausbildungsabteilung. Er bestimmt in hauptamtlicher Tätigkeit die pädagogischen Ziele der Ausbildung und kontrolliert deren Realisierung. Außerdem beobachtet er die Entwicklung des betrieblichen und wirtschaftlichen Geschehens und hält Kontakt zu den Betriebsabteilungen, Betriebsrat und Jugendvertretung.

Die Ausbildungsverantwortlichen stehen in engem Kontakt zu den verschiedenen Aufgabenträgern in Schulen und sie fördern die Fortbildung der Ausbilder. Zu den Aufgaben des Verantwortlichen für Ausbildung zählt auch die Leitung der Ausbildung von Fachhochschul- und Hochschulpraktikanten bzw. Fachoberschülern. Er pflegt interne Kontakte zum zentralen Bildungsdisponenten und externe Kontakte zum Elternhaus der Auszubildenden, zur Industrie- und Handelskammer bzw. zu Arbeitskreisen und Prüfungsausschüssen der Industrie- und Handelskammer. An der Ausbildungsarbeit ist er direkt beteiligt, weil er betriebsinternen Unterricht für Auszubildende gibt.

Innerhalb von Lehrwerkstätten werden Ausbildungsaufgaben von hauptamtlich tätigen, betrieblichen Ausbildern wahrgenommen[10]. Diese Ausbilder vermitteln berufliches Können und Wissen an Auszubildende, gewährleisten die Erziehung im Beruf, bereiten Ausbildungsinhalte vor und nehmen ihre Aufsichtspflicht gegenüber Auszubildenden wahr. Sie überwachen Arbeitssicherheit und Arbeitshygiene im Rahmen der Ausbildung und geben Beurteilungen von Auszubildenden an den Leiter der Ausbildungsarbeit des Unternehmensbereiches weiter.

Den Ausbildern unterstehen die Auszubildenden, die ihre Lernaufgaben an Ausbildungsplätzen wahrnehmen. Während innerhalb einer Lehrwerkstatt die Auszubildenden dem jeweiligen Ausbilder direkt zugeordnet sind, gilt für technisch-gewerbliche Auszubildende außerhalb der Lehrwerkstatt (Einsatz im Betrieb und außerhalb des Betriebes bei Kundenkontakten) die Doppelunterstellung (begrenzte funktionale Autoritätsbeziehung). Einerseits unterstehen die Auszubildenden hinsichtlich der Unterweisung nebenamtlich tätigen Ausbildern und andererseits ist für den Erziehungsauftrag der Ausbildungsverantwortliche maßgebend. Die nebenamtlichen Ausbilder betreuen als Ausbildungsbeauftrage[11] die Auszubildenden, während der Ausbildungszeit im Forschungs-, Beschaffungs-, bzw. Produktionsbereich außerhalb der Lehrwerkstätten. Ausbildungsbeauftragte sind im gewerblich-technischen Bereich in der Regel Meister oder Vorarbeiter oder Gruppenleiter. Diese Art der Doppelunterstellung ist auch im kaufmännischen Ausbildungsbereich gegeben, denn die Auszubildenden unterstehen dort einerseits einem Ausbildungsverantwortlichen und andererseits einem ne-

---

[10] Ebenda, S. 16.
[11] Ebenda, S. 17.

benamtlich tätigen Ausbilder, der in der Regel Gruppenleiter oder Sach-
bearbeiter ist. Ein Ausbildungsbeauftrager betreut als nebenamtlich tätiger
Ausbilder in der Regel nicht mehr als drei Ausbildungsplätze.

Den dezentralen Bildungsleitern der Unternehmensbereiche[12] sind Weiterbildungsverantwortliche unterstellt, die Fort- und Weiterbildungsaufgaben
wahrnehmen[13]. Dazu gehören die Ermittlung und Analyse des Weiterbildungsbedarfs, Entscheidungen über Weiterbildungsmaßnahmen (Prioritäten
setzen, Teilnehmerkreis definieren, Betriebsrat einschalten), Gestaltung
interner Weiterbildungsprogramme, Einladungen an die Teilnehmer und
Entsendung zu außerbetrieblichen Weiterbildungsveranstaltungen. Er gibt
Vorgesetzten und Mitarbeitern Hilfen in Weiterbildungsfragen, beurteilt
und bewertet den Erfolg der Weiterbildungsmaßnahmen, plant und kontrolliert das Weiterbildungsbudget. Weiterbildungsverantwortliche arbeiten
eng mit den Trägern der zentralen Personalbildung zusammen, indem sie
diese über neue Problemstellungen im Unternehmensbereich informieren
und bei der zentralen Entwicklung von Fortbildungskonzeptionen mit-
arbeiten bzw. Programmplanungen mit der Zentrale abstimmen. Weiterbildungsverantwortliche unterhalten Querkontakte zu Weiterbildungsbeauftragten[14] der Unternehmensbereichs-Fachabteilungen. Während die Weiterbildungsverantwortlichen ihre Aufgaben hauptamtlich wahrnehmen, sind
Weiterbildungsbeauftragte mit realisierenden bzw. dipositiven Aufgabenstellungen nebenamtlich tätig[15]. Weiterbildungsbeauftragte der Fachabteilungen nehmen in der Regel dispositive Aufgaben der Bildungsarbeit nebenamtlich wahr. Ihre Hauptaufgaben umfassen Tätigkeiten im Fertigungs-,
Beschaffungs-, Verwaltungs-, bzw. Absatzsektor des Unternehmensbereiches.
Hinsichtlich der Bildungsarbeit helfen sie bei der Ermittlung des Bildungs-
bedarfes und bei Planung bzw. Kontrolle der Fort- und Weiterbildungsarbeit. Die Arbeit der Weiterbildungsbeauftragten kann im Schwerpunkt
aber auch aus Durchführungsaufgaben der Fort- und Weiterbildung bestehen, wie z.B. Referate, Vorträge halten. Weiterbildungsbeauftragte sind
ihrem jeweiligen Vorgesetzten der Fachabteilung im Unternehmensbereich
unterstellt, haben aber engen Kontakt zum Weiterbildungsverantwortlichen
des Unternehmensbereiches. Verschiedene Unternehmensbereiche können
auch über die Einrichtung eines Sprachlabors mit Fremdreferenten ver-
fügen.

---

[12] Vgl. dazu Abb. 6.
[13] Internes Firmenpapier, Betrieb H, S. 19 u. S. 22.
[14] Ebenda, S. 19.
[15] Da die Aufgaben der Weiterbildungsbeauftragten der Modifikation der Weiterbildungsverantwortlichen unterliegen, ist eine allgemeine Aussage nicht angebracht.
Aus einem Interview (Betrieb H) mit einem Weiterbildungsbeauftragten mit disposi-
tiver Bildungsarbeit (20 % der Gesamtaufgabe) ergaben sich folgende Aufgaben:
Bedarfsermittlung, Mitwirkung bei Programmgestaltung, Vorgesetztenberatung, Koordination. Seine Hauptaufgaben (80 %) hat er als Personalreferent im Personalwesen.

c) *Wirkzusammenhang*

Die speziellen Merkmale einer Matrixform sollen anhand eines übersichtlichen Schemas mit pluralen bzw. singularen Organisationseinheiten der Bildungsarbeit im industriellen Großbetrieb dargestellt werden[16]. Das Bildungswesen einer Matrixform wird erst durch die Einbeziehung von Geschäftsleitung und Personalwesen effizient. Die zentrale Bildungsleitung ist direkt dem Personalvorstand unterstellt.

Diese Instanz hat, auf die Bildungsarbeit im Betrieb bezogene, Richtlinienkompetenz gegenüber den Personalleitern der Unternehmensbereiche. Damit hat der Personalvorstand die Aufgabe, sich überall dort klärend einzuschalten, wo die fachlichen Richtlinien der Bildungsarbeit nicht beachtet werden. Der Leiter des zentralen Bildungswesens wird in solchen Fällen den Personalvorstand informieren. Die dezentral eingesetzten Leiter der Personalarbeit unterstehen in Personalfragen, die den Unternehmensbereich angehen, der Bereichs-Geschäftsleitung. Übergreifende Themen, die vor allem die Richtlinien der gesamten Bildungsarbeit betreffen, fallen in den Zuständigkeitsbereich des zentralen Personalwesens.

Die permanente, bildungsbezogene Zusammenarbeit zwischen den Leitern der Zentralbereiche und den Leitern der Unternehmensbereiche bildet auf allen Ebenen das eigentliche Wesensmerkmal einer Matrixform des Bildungswesens im industriellen Großbetrieb. Beschränkt man die Darstellung dieser Zusammenarbeit auf die in Abb. 6 hervorgehobenen Organisationseinheiten der Bildungsarbeit im Betrieb, so ergibt sich folgendes Bild. Während die Aktivitäten von Aufgabenträgern des Bildungswesens der Zentralbereiche aus den jeweils zugeordneten Spaltenlinien als reine Arbeitskontakte in vertikaler Richtung zu erkennen sind, wurden die Arbeitskontakte von Bildungsträgern der Unternehmensbereiche horizontal angeordnet. Die dezentralen bzw. zentralen Träger der Bildungsarbeit im industriellen Großbetrieb stehen in direkter Kommunikation miteinander, wobei insbesondere vom Leiter der zentralen Personalbildung bzw. vom Personalvorstand auf Einhaltung der Richtlinien des Bildungswesens geachtet wird.

Die Personalbildung in den Unternehmensbereichen wird von dezentralen Bildungsleitern gesteuert, denen jeweils Aus- bzw. Weiterbildungsverantwortliche zugeordnet sind. Die Systeme Aus- bzw. Fortbildungsarbeit der Unternehmensbereiche stehen in engem Kontakt zu den zentralen Aus- und Weiterbildungsstellen, wobei auf strikte Einhaltung der Richtlinienkompetenz zu achten ist.

Während in Betrieb H Aufgabenbeschreibungen für die hauptamtlich tätigen Aufgabenträger der Bildungsarbeit vorliegen, gibt es in Betrieb M

---

[16] Internes Firmenpapier, Betrieb H, S. 5; vgl. Abb. 7 der Arbeit.

4 Rahn

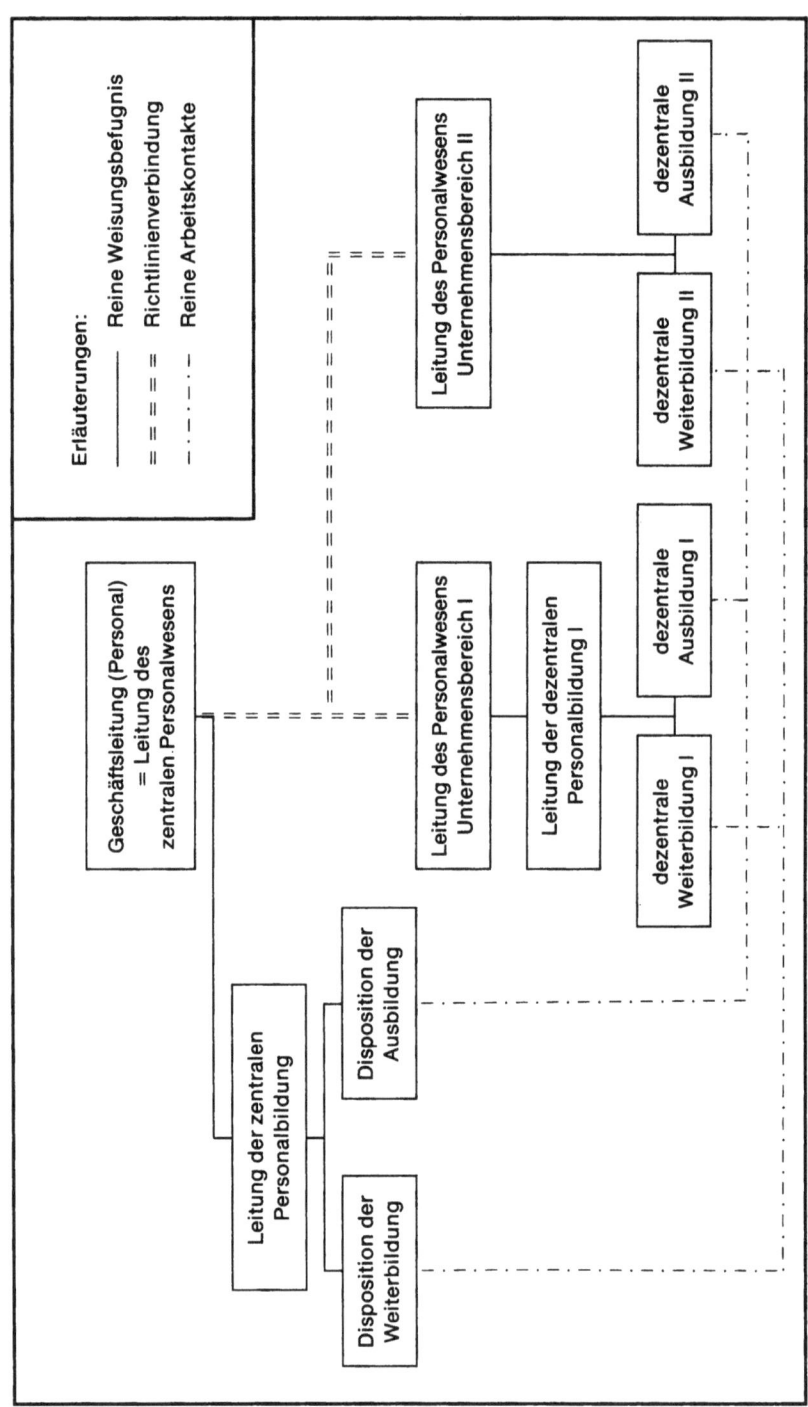

Abb. 7. Organisatorische Eingliederung der Bildungsarbeit.

Stellenbeschreibungen[17] für diese Aufgabenträger. Es existiert in Betrieb M
auch ein Organigramm[18] über den Aufbau des Bildungswesens in diesem
industriellen Großbetrieb, das aber internen Charakter hat. In Betrieb H gibt
es Weiterbildungsausschüsse der Unternehmensbereiche und Betrieb M
gründete einen Zentralausschuß bzw. kaufmännisch und gewerblich-technisch orientierte Bildungsausschüsse[19] in Unternehmensbereichen.

d) Eignungspotential der Aufgabenträger

Untersucht man das Eignungspotential der leitenden Mitarbeiter von
Zentral- und Dezentralinstanzen der Matrixform, so kann folgendes Anfor-
derungsprofil zugrundegelegt werden.

Im Rahmen der aus- und fortbildungsbedingten Eignung sind Kenntnisse
und Fertigkeiten in der Ermittlung des Aus- und Weiterbildungsbedarfs,
in der Bedarfsanalyse, in der Bildungsplanung, der Bestimmung von Bil-
dungsinhalten, Programmgestaltung bzw. Durchführung und Erfolgskontrolle von Bildungsmaßnahmen nötig. Darüber hinaus erwartet man Kenntnisse und Fertigkeiten in der Kommunikationstechnik bzw. Beratungs-
methodik, Ideenfindung, Problemlösung bzw. Projektentwicklung, Lerntheorie, Lehrdidaktik und Lehrmethodik bzw. Sozialpsychologie und Sozial-
pädagogik. Hauptamtlich tätige Ausbilder erbringen den Nachweis berufs-
und arbeitspädagogischer Kenntnisse entsprechend den Anforderungen des
Gesetzgebers.

Nicht nur für die Aus- und Weiterbildungsverantwortlichen, sondern auch
für Ausbilder bzw. Ausbildungsbeauftragte, Weiterbildungsberater und
Weiterbildungsbeauftragte werden Erfahrungen in der Betriebs-, Ausbil-
dungs- und Weiterbildungspraxis und betrieblichen Berufsbildung voraus-
gesetzt[20]. Hinsichtlich der geistig-charakterlichen Qualifikation werden
Engagement, betrieblicher Realismus, Solidarität und Kreativität bzw.
Begeisterungsfähigkeit erwartet. Leitende Aufgabenträger sollen Organi-
sationsvermögen besitzen, zielstrebig, kooperativ und kontaktfähig sein[21],
Verhandlungsgabe und pädagogisches Geschick besitzen und als überzeu-
gende Persönlichkeit wirken.

Die aufbaubezogenen Regelungen und das gegebene Eignungspotential der
Aufgabenträger bilden die Basis dafür, daß die Geschäftsleitung Entschei-
dungsaufgaben der Bildungsarbeit an nachgelagerte Aufgabenträger über-

[17] Vgl. dazu Fragebogen, Anhang, Frage 9.
[18] Ebenda, Frage 12.
[19] Ebenda, Frage 18.
[20] Internes Firmenpapier, Betrieb H, S. 25.
[21] Vgl. Tab. 3 dieser Arbeit: das Persönlichkeitsprofil eines Bildungsverantwortlichen in Betrieb H.

4*

Tabelle 3
Persönlichkeitsprofil eines Bildungsverantwortlichen[22]

Profil in Bezug auf	Gesamt-aufgabe	Organisation	Kooperation	Initiative	Pädagogik
Einstellung	engagiert	realistisch	solidarisch	kreativ	begeiste-rungsfähig
Verhalten	kommuni-kativ	zielstrebig	kollegial	lernbereit	motivierend

trägt. Die Geschäftsleitung vertraut ihren Mitarbeitern und sieht sie als aktive Auslöser des Bildungsgeschehens. Das bedeutet, daß die Aufbau-organisation der Matrixform des Bildungswesens sowohl von zentralen als auch von dezentralen Trägern der Bildungsarbeit ein hohes Maß an Eigen-initiative verlangt. Diese Forderung gilt nicht nur für Bildungsverantwort-liche, Bildungsbeauftragte, Bildungsdisponenten und Bildungsberater, son-dern auch für das in den Fachabteilungen beschäftigte Personal. Die Initiative zur Bildungsarbeit kann nicht allein bei dem Unternehmen liegen, sie soll vor allem beim Mitarbeiter vorhanden sein[23]. Während für die Bil-dungsarbeit der Mitarbeiter in erster Linie der Vorgesetzte verantwortlich ist, wird vom Mitarbeiter erwartet, daß er sich über Fort- und Weiterbil-dungsfragen selbst informiert und daß er bei der Auswahl der Bildungs-bedürfnisse Eigeninitiative entwickelt. Man erwartet von den Beschäftigten dieses forschungsorientierten Industriebetriebes, daß sie sich Bildung auch ohne betriebliche Hilfe aneignen.

3. Positive Merkmale

a) Spezielle Kompetenzregelungen

Aufgrund ihres hohen Strukturierungsgrades erfordern Matrixformen der Bildungsarbeit im industriellen Großbetrieb ausgewogene Kompetenzrege-lungen. Ordnungsmäßige Aufbauregelung der Kompetenzen ermöglicht einen einwandfreien Ablauf der Bildungsarbeit im Betrieb.

---

[22] Internes Firmenpapier, Betrieb H, S. 24.
[23] Vgl. dazu Anhang, Fragen 6 und Nr. 33.

Anhand des folgenden Beispiels[24] einer Kompetenzverteilung im Rahmen des Aufbaus einer Matrixform soll das Bemühen der Verantwortlichen um die gesamte Bildungsarbeit im industriellen Großbetrieb verdeutlicht werden:

- Wenn Themen anfallen, die überwiegend die Zentralbereiche Finanzen, Technik bzw. Betriebswirtschaft betreffen, sind die zentralen Weiterbildungsberater zuständig.

- Für Sachgebiete, die überwiegend die Unternehmensbereiche betreffen, sind die dezentralen Aufgabenträger dieser Bereiche kompetent.

- Sind Themen von zu individuellem Interesse, als daß sie für eine organisierte Schulung in Frage kämen, sind Vorgesetzte und Mitarbeiter zuständig.

- Für übergreifende Themen, die nicht einem speziellen Unternehmensbereich oder einem speziellen Zentralbereich zugeordnet werden können, ist der Zentralbereich Personal kompetent. Die zentrale Bildungsabteilung ist dem Zentralbereich Personalwesen zugeordnet[25]. Die Zentralträger des Bildungswesens sind zuständig für die Einheitlichkeit der Bildungsarbeit, die Entwicklung langfristig wirksamer Bildungsprognosen und die notwendigen Anpassungen an langfristige Umweltänderungen.

Spezielle Kompetenzregelungen sind in Betrieb H sowohl für die zentralen als auch für die dezentralen Aufgabenträger zu beachten.

Aus dem Zuständigkeitsbereich des Zentralen Personalwesens, das Dienstleistungspflichten für das gesamte Unternehmen zu erbringen hat, Richtlinienkompetenzen zu beachten hat und Kontroll- bzw. Koordinierungsaufgaben wahrnimmt, gewinnt eine bestimmte Kompetenzart besonderes Interesse. Die Personalbildung im Zentralbereich Personal besitzt gegenüber den Verantwortlichen in den Unternehmensbereichen Richtlinienkompetenz[26]. Personalbildung ist ein Teil der Personalarbeit und kann ihre Aufgaben nur in engster Verbindung und Zusammenarbeit mit den anderen Aufgabenträgern des Personalwesens erfüllen. Die zentrale Leitung der Personalbildung ist für die ordnungsmäßige Wahrnehmung von Aufgaben der Aus-, Fort- und Weiterbildungsarbeit im Rahmen der Richtlinien zuständig. Die schriftlich vorliegenden Rahmenrichtlinien[27] verpflichten die

---

[24] Dieses Beispiel basiert auf Kompetenzregelungen, die in Betrieb M vorgefunden wurden (vgl. Fragebogen, Anhang, Frage 17). Sinngemäß gelten sie auch für den Betrieb H.

[25] Die folgenden Ausführungen beziehen sich auf die Aufbauform des Betriebes H.

[26] Internes Firmenpapier, Betrieb H, S. 6.

[27] Die Festlegung der Richtlinien für das Bildungswesen (Internes Firmenpapier) des Betriebes H geht auf den Zentralleiter der Bildungsarbeit zurück, der viele Arbeiten über das Bildungswesen veröffentlicht hat. Vgl. Sahm, A.: Weiterbildung im Betrieb – 20 Thesen, in ZO, 42. Jg. (1973), S. 445 - 448; ders.: Verantwortliche für Weiterbildung im Betrieb, in: Personal, 26. Jg. (1974), S. 173 - 176; ders.: Ausbildungsplanung, in:

Aufgabenträger des zentralen Personalwesens darauf zu achten, daß im Ausbildungsbereich die Auszubildenden in angemessener Zeit entsprechend den Erfordernissen der betrieblichen Praxis auszubilden sind und in ihrer Persönlichkeitsentfaltung und sozialen Verpflichtung zu fördern sind. Die Leitung der Personalbildung hat außerdem darüber zu wachen, daß sich Auszubildende in den Unternehmensbereichen zu selbständigen und mitverantwortlichen Mitarbeitern entwickeln, die auch in der Gesellschaft als mündige Staatsbürger zurechtkommen.

Das zentrale Personalwesen ist außerdem zuständig für ordnungsgemäße Einhaltung der Richtlinien zur Einschulung bzw. Einarbeitung, Fachhochschul- und Hochschulpraktikantenausbildung, Ausbildung von Fachoberschülern und Berufserkundung. Schüler erhalten einen ersten Einblick in die Arbeitswelt. Auch auf die Einhaltung der Rahmenrichtlinien zur Fort- und Weiterbildungsarbeit hat das zentrale Personalwesen zu achten. Es hat permanent dafür Sorge zu tragen, daß Maßnahmen der Unternehmensbereiche sich auf das Ziel der Erhaltung, Verbesserung und Erweiterung der Qualifikation von Mitarbeitern für deren derzeitige und künftige Tätigkeit im Unternehmen beziehen. Der Aufbau des Bildungswesens der untersuchten Matrixform ist so organisiert, daß nicht die direkte Ausübung der Entscheidungsmacht des zentralen Bildungsleiters gegenüber Dezentralinstanzen gefördert wird, sondern daß beide Teile als Partner im Sinne der Richtlinien zusammenarbeiten. Im Regelfalle wird der Bildungsleiter über die Wahrnehmung von Querverbindungen die anstehenden Probleme zu lösen suchen. Den dezentralen Aufgabenträgern ist bekannt, daß der zentrale Bildungsleiter in Fragen der betrieblichen Bildungsarbeit die Rückendeckung der Geschäftsleitung besitzt. Die Gewißheit dieser direkten Unterstützung durch den Personalvorstand gibt dem zentralen Bildungsleiter eine Stärkung seiner Position gegenüber dezentralen Aufgabenträgern der Bildungsarbeit. Verstöße gegen die Richtlinien der Bildungsarbeit – beispielsweise bei mangelhaften Bildungsaktivitäten im Unternehmensbereich – werden vom Leiter der zentralen Personalbildung an den Personalvorstand weitergegeben, der die Angelegenheit in Abstimmung mit dem zuständigen Vorstandsmitglied bzw. direkt mit dem dezentralen Personalleiter bereinigt.

Die Einführung der Richtlinienkompetenz ist besonders positiv zu würdigen, weil sie dem Zentralleiter des Bildungswesens der Matrixform die Unterstützung der Geschäftsleitung zusichert. Der Personalvorstand wird sich gegenüber Dezentralinstanzen durchsetzen, wenn der zentrale

---

Management-Enzyklopädie, Bd. 1, München (1969), S. 337 ff.; ders.: Der Fall ‚Weiterbildung‘, in: Praxis der Personalarbeit, o. J. (1974), H 4, S. 103 f.; ders.: Erwachsenenbildung im Betrieb, in: Der Arbeitgeber, H 1 (1971), S. 23; ders.: Weiterbildung, Aufgabe der Betriebe, in: Der Arbeitgeber, 26. Jg. (1974), S. 595 f.; ders.: Weiterbildung, betriebliche, in: HWP, hrsg. v. E. Gaugler, Stuttgart (1975), Sp. 2015 ff.

Bildungsleiter berechtigte Zweifel am ordnungsmäßigen Ablauf der Bildungsarbeit vortrug.

Mit der Einrichtung von ‚Richtlinienverbindungen' auf höchster Betriebsebene und der Unterstützung der Geschäftsleitung gewinnt die Leitung der Bildungsarbeit Möglichkeiten der Durchsetzung berechtigter Bildungsinteressen.

Das Bemühen um ausgewogene Statusregelungen zwischen den Aufgabenträgern dieser Gliederungsform der Bildungsarbeit ist aus folgenden Bezeichnungen zu erkennen. Da vor allem Aufgabenträger der zentralen Bildungsarbeit zur Bewältigung ihrer Aufgaben hohe Qualifikation[28] benötigen, die sich in der Regel, aufgrund geringer Subordinationsquote[29], nicht in einer qualifizierten Bezeichnung der Organisationseinheit (z. B. Hauptabteilung, Abteilung) niederschlägt, hat man sich Gedanken über einen sinnvollen ‚Statusausgleich' gemacht. Die folgende Regelung zur Aufbauorganisation des Bildungswesens im industriellen Großbetrieb entspringt der Möglichkeit, daß sich zentrale Träger der Bildungsarbeit benachteiligt fühlen können, wenn keine adäquaten Bezeichnungen der Instanzen des Bildungswesens existieren[30]. Deshalb hat man in Betrieb H die Träger von zentralen Bildungsaufgaben entsprechend der Hauptabteilungsleiterebene als Referatsleiter und entsprechend der Abteilungsleiterebene als Sachgebietsleiter benannt. Die Verantwortlichen für Bildungsarbeit in Betrieb M haben ebenfalls eine ‚Statusregelung' getroffen, die für zentrale Mitarbeiter des Bildungswesens gilt:

Tabelle 4
Trägerbezeichnungen in einer Matrixform

Abteilungsart des Betriebes	Träger von Fachabteilungsaufgaben	Träger zentraler Bildungsaufgaben
Hauptbereich	Direktor	Chefberater[31] (Direktor)
Hauptabteilung	Prokurist	Wissenschaftlicher Berater
Abteilung	Abteilungs-bevollmächtigter	Wissenschaftlicher Hauptreferent
Gruppe	Gruppenbevollmächtigter	Fachreferent

[28] Vgl. dazu Teil D 2 d) dieser Arbeit.

[29] Vgl. Gaugler, E.: Instanzenbildung als Problem der betrieblichen Führungsorganisation, Berlin (1966), S. 145 ff.

[30] In der Regel wird das Benachteiligungsgefühl nicht auf Instanzenbezeichnungen oder Kompetenzbezeichnungen zurückgehen, sondern auf Benachteiligungen im Gehaltsbereich; diese Problematik ist hier aber nicht zu untersuchen.

[31] Da der Begriff ‚Berater' auch im Zusammenhang mit dem ‚Weiterbildungsberater' gebraucht wurde, ist die Doppelverwendung des Begriffs wohl nicht angebracht.

b) Berücksichtigung von Mitarbeiterbedürfnissen

Fragen Mitarbeiter des industriellen Großbetriebes mit Matrixform der
Bildungsarbeit primär individuell bedingte Bildungsleistungen des Betriebes
nach, so sind Konflikte zwischen Betriebsinteresse und Mitarbeiterinteresse
nicht auszuschließen. Die betrieblichen Bildungsleistungen orientieren sich
am Ertrag, also am Nutzen, den Bildungsmaßnahmen für den Betrieb erbringen. Alle mit Kosten verbundenen Leistungen des Großbetriebes sollen
in einem angemessenen Verhältnis zum betrieblichen Ertrag stehen, wenn
die Wirtschaftlichkeit der Bildungsarbeit gewahrt werden soll. Deshalb ist
es angebracht, daß die Verantwortlichen für die Bildungsarbeit im industriellen Großbetrieb bereits im Rahmen der Richtlinien zur Aufbauorganisation diese Grundprinzipien verankern. Das bedeutet zwangsläufig,
daß die Aufbauorganisation des industriellen Großbetriebes mit Matrixform
nicht allein auf die Bedürfnisse des Mitarbeiters ausgerichtet ist, sondern
daß die Abstimmung von Betriebs- und Mitarbeiterinteressen erfolgt. Hat
ein Mitarbeiter beispielsweise den Wunsch, einen Französisch-Kursus mit
finanzieller Unterstützung des Betriebes zu belegen, dann wird geprüft,
in welcher Relation das Individualinteresse zu betrieblichen Interessen
steht. Die Verantwortlichen der untersuchten Großbetriebe mit einer Matrixform des Bildungswesens haben ausdrücklich darauf hingewiesen, daß auf
ein angemessenes Verhältnis zwischen betriebswirtschaftlichen Möglichkeiten und individuellen Bedürfnissen der Mitarbeiter zu achten ist[32]. Ein
ausschließliches Verfolgen rein betrieblicher Interessen – ohne Berücksich-
tigung der Mitarbeiterwünsche – birgt wesentliche Nachteile hinsichtlich
der Identifikation mit den Lernaufgaben. Jene Mitarbeiter werden sich mit
ihren Bildungsaufgaben in höherem Maße identifizieren, deren Bildungs-
bedürfnisse soweit wie möglich berücksichtigt werden.

4. Negative Merkmale

a) Konflikte im Wirkzusammenhang

Es wurde bereits dargestellt, daß außer dem Zentralbereich Personal und
den zentralen Weiterbildungsberatern vor allem die dezentralen Aufgabenträger bzw. Vorgesetzte und Mitarbeiter das Bildungsgeschehen in diesem
System beeinflussen. Der zentrale Personalvorstand soll sich als Geschäfts-
leitungsmitglied, auf Anregung des zentralen Bildungleiters, immer dann
einschalten, wenn die fachlichen Richtlinien der Bildungsarbeit im Betrieb
nicht beachtet werden.

---

[32] Diese Aussage gilt für Betrieb H und Betrieb M (vgl. Anhang, Fragen 7, 8, 33). Vom
Interviewpartner in Betrieb H wurde darauf hingewiesen, daß künftig wohl ein Trend
zur Verlegung der Interessen in Richtung der Bedürfnisse des Betriebes geht.

Um Konfliktmöglichkeiten ausfindig zu machen, soll ein Beispiel der folgenden Betrachtung zugrundegelegt werden. Ein Leiter eines Bereiches der industriellen Großunternehmung gibt seinem dezentralen Bildungsleiter über seinen Personalleiter Informationen darüber weiter, daß ein neues Produkt auf den Markt gebracht wird. Der dezentrale Bildungsleiter erhält die Aufgabe, die im Rahmen der Bewältigung dieses Problems anfallenden Fort- und Weiterbildungsaktivitäten zu eruieren. Der dezentrale Bildungsleiter spricht den Weiterbildungsverantwortlichen seines Bereiches darauf an und die Weiterbildungsbeauftragten prüfen in Abstimmung mit den Verantwortlichen die Bildungsmöglichkeiten innerhalb und außerhalb der Fachabteilung. Die Bildungsträger der Unternehmensbereiche besprechen die Konzeption der Weiterbildungsarbeit mit dem Zentralleiter des Bildungswesens, zu dessen wesentlichen Aufgaben die Entwicklung solcher Zukunftsprojekte gehört. Es werden Programme erarbeitet und Teilnehmerlisten für Seminarveranstaltungen aufgestellt.

Ein erster Konflikt kann sich beispielsweise daraus ergeben, daß kompetente Vorgesetzte des Unternehmensbereichs nicht bereit sind, der oben erarbeiteten Konzeption zu folgen, weil sie beispielsweise die Absatzchancen des Betriebsproduktes negativ bewerten.

Unterstellt man, daß außer dem genannten Personenkreis auch Weiterbildungsberater gegen geplante Fort- und Weiterbildungsmaßnahmen opponieren, weil deren Abteilungsvorgesetzte die Finanzierbarkeit des Projektes skeptisch beurteilen, so stellt sich die Frage, wie das Matrixsystem ein solches Verhalten verkraften kann. Infolge der Beteiligung einer relativ hohen Zahl von Aufgabenträgern am Entscheidungsprozeß kann sich das „Kontaktpotential" in ein „Konfliktpotential" wandeln. Werden viele Aufgabenträger in die Entscheidungsfindung einbezogen, besteht die Gefahr, daß aufgrund der Meinungsvielfalt Konflikte zwischen Aufgabenträgern offengelegt werden. Weil die Vielzahl von Querverbindungen in dieser Form der Aufbauorganisation die Einbeziehung einer großen Zahl dezentraler bzw. zentraler Aufgabenträger mit zum Teil sehr unterschiedlichen Vorstellungen mit sich bringt, sind Konflikte im Wirkzusammenhang nicht auszuschließen.

Auch mit intensiven Bemühungen um ausgewogene Kompetenzregelungen für Matrixformen der Bildungsarbeit werden persönliche Rivalitäten und interne Machtkämpfe zwischen zentralen Aufgabenträgern des Bildungswesens und dezentralen Vertretern der Unternehmensbereiche nicht zu verhindern sein.

Wenn sich zentraler Personalbildungsleiter bzw. zentrale Weiterbildungsberater und dezentrale Bildungsleiter, Weiterbildungsverantwortliche bzw. Weiterbildungsbeauftragte über bestimmte Sachverhalte nicht einigen können, so besteht für den zentralen Personalvorstand die Möglichkeit, das „Konfliktpotential" aufzulösen.

Diesem Ziel können beispielsweise klärende Gespräche im Weiterbildungsausschuß dienen. Der von der Geschäftsleitung gepflegte, kooperative Führungsstil begünstigt Möglichkeiten einer Einigung im Ausschuß der Bildungsarbeit.

b) Kompetenzunsicherheit

Das Bildungspersonal im Zentralbereich Personalwesen hat vor allem die Aufgabe der Koordination des Bildungsgeschehens in den Unternehmensbereichen und im Zentralsektor. Aus den speziellen Kompetenzregelungen können sich Kompetenzunsicherheiten für Aufgabenträger des Betriebes ergeben. Da weder der zentrale Bildungsleiter, noch die Bildungsverantwortlichen, noch die Weiterbildungsberater die *volle* Kompetenz für die Aufgabenerfüllung im Bildungswesen des industriellen Großbetriebes haben, kann es zu Kompetenzschwierigkeiten kommen. Es gibt Grenzbereiche, die eine Zuordnung der Aufgabe zu ‚übergreifenden Themen', ‚Zentralbereichsthemen', ‚Unternehmensbereichsthemen' und ‚individuellen Themen' nicht ohne weiteres gestatten. Wenn beispielsweise ein Vorgesetzter in einer Fachabteilung den Vorschlag der Einführung eines ‚Bildungspasses für gewerbliche Trainer im Betrieb' aufgreift, so kann dieses Anliegen zu erheblichen Unsicherheiten führen, wenn sich niemand für die Erledigung dieses Spezialproblems zuständig fühlt.

Der nächsthöhere Vorgesetzte des Instanzenzuges im Unternehmensbereich fühlt sich nicht zuständig, weil dieses Thema ‚nicht von individuellem Interesse' ist und verweist an den Weiterbildungsberater ‚Technik', der sich bereits früher mit einem ähnlichen, gewerblich-technisch orientierten Vorschlag auseinandergesetzt hatte. Dieser gibt die Aufgabe zurück an den dezentralen Weiterbildungsverantwortlichen, weil es sich nach seiner Ansicht um eine Thema des Unternehmensbereichs handelt. Schließlich nimmt sich der dezentrale Bildungsleiter der Aufgabe an, gibt aber zu bedenken, daß gewerbliche Trainer auch in anderen Unternehmensbereichen existieren, für die ein ‚Bildungspaß' ebenfalls von Bedeutung ist. Schließlich erhält der zentrale Bildungsleiter den Vorschlag ...

Dieses konstruierte Beispiel soll zeigen, daß sich Kompetenzunsicherheiten aus speziellen Zuständigkeitsregelungen ergeben können. Von allzu differenzierten Regelungen hat man wohl Abstand genommen, weil man Freiräume für den Informationsaustausch der Aufgabenträger des Bildungswesens als systemimmanenten Bestandteil einer Matrixform der Bildungsarbeit betrachtet. Dennoch gilt es, vor allem unnötige Zeitverluste und Reibungen zu vermeiden. Man könnte den aufgetretenen Kompetenzunsicherheiten wohl dadurch begegnen, daß in einem Betrieb mit Matrixform des Bildungswesens eine bestehende Stelle benannt wird, die für Kompetenz-Grenzfälle zuständig ist.

Da die Aufgabenkombinate der Bildungsberater und Bildungsbeauftragten der Modifikation durch die jeweiligen Vorgesetzten unterliegen, kann dieser Personenkreis innerhalb einer Matrixform hinsichtlich seiner Aufgabenerfüllung nicht einheitlich beurteilt werden. Deshalb soll derjenige Teil der Bildungsberater und Bildungsbeauftragten ausgeklammert werden, der zur Wahrnehmung der Bildungsaufgaben von den Vorgesetzten genügend Zeit zur Verfügung hat.

Andere Bildungsberater und Weiterbildungsbeauftragte haben nicht die Möglichkeit, sich der Erfüllung der Bildungsaufgaben so zu widmen, wie es die Aufbaurichtlinien vorsehen. Die Träger dieser Aufgaben müssen als nebenamtliche Aufgabenträger häufig Prioritäten setzen, um Überlastung an der Arbeitsstelle auszuschließen[33]. Dieser Sachzwang kann zu Nachlässigkeiten führen, die den Ablauf der Bildungsarbeit nicht positiv beeinflussen.

Im Hinblick auf den gesamten Wirkzusammenhang ist es von Bedeutung, in wieweit die Bildungskonzeption im Entscheidungsvorfeld mit den beteiligten Führungskräften abgestimmt wird und wie weit die Kompromißbereitschaft der betreffenden Aufgabenträger geht. Außerdem ist mit entscheidend, ob sich die Aufgabenträger des Betriebes tatsächlich an die Richtlinien der Aufbauorganisation des Bildungswesens halten.

Ob das Machtgleichgewicht zwischen zentralem Bildungspersonal und dezentralen Bildungsträgern aufrechterhalten werden kann, hängt zum großen Teil davon ab, in welchem Maße die Konflikte von den Aufgabenträgern bewältigt werden. Außergewöhnlicher Machtzuwachs von Vorgesetzten in Fachabteilungen der Unternehmensbereiche gegenüber den zentralen Bildungsträgern wird bei den zentralen Aufgabenträgern zu Identifikationsschwierigkeiten mit ihrer Aufgabe führen. Dem Verhalten des Personalvorstandes kommt deshalb eine entscheidende Rolle zu, denn unterstützt er das Bestreben der Bildungsabteilungen nicht, so werden die betroffenen Aufgabenträger Durchsetzungsprobleme bekommen.

Zusammenfassend läßt sich eine Matrixform der Bildungsarbeit im industriellen Großbetrieb als eine Gliederungsform kennzeichnen, deren organisatorisches Gefüge in Form von Zeilen und Spalten dargestellt wird. Die differenzierte Struktur einer Matrixform der Bildungsarbeit erfordert spezielle Kompetenzregelungen und setzt ein anpassungsfähiges Eignungspotential der Mitarbeiter voraus.

---

[33] Aus einem Interview mit einem Weiterbildungsbeauftragten in Betrieb H (vgl. Fragebogen, Anhang, Fragen 47 - 50) ergeben sich Hinweise auf diese Aussagen.

E. Komplexitätsform der Bildungsarbeit

1. Begriff und Wesen

Empirische Befunde erbrachten das Ergebnis, daß in einem Großbetrieb durchaus etwa 50 000 Mitarbeiter jährlich an rund 5000 Weiterbildungsveranstaltungen in betriebseigenen Schulungseinheiten teilnehmen. Es sind rund 400[1] Mitarbeiter als hauptamtliche Lehrkräfte und rund 3000 nebenamtliche Kräfte im Weiterbildungssektor bzw. 700 hauptamtliche Kräfte in 73 Ausbildungswerkstätten im gewerblich-technischen Ausbildungssektor beschäftigt[2]. In einem anderen Betrieb nehmen jährlich etwa 10 000 Mitarbeiter an Weiterbildungsveranstaltungen teil und 270 hauptamtlich tätige Ausbilder bemühen sich mit einer unübersehbaren Zahl nebenamtlich tätiger Bildungskräfte um die praktische Ausbildungsarbeit[3].

Die Aussagen zeigen, daß ein industrieller Großbetrieb mit derart umfangreichen Bildungsaktivitäten zur Aufgabenbewältigung eine systematisierte und rationell gestaltete Aufbauorganisation des Bildungswesens braucht. Weil eine solche Gliederungsform des Aufbaus der Bildungsarbeit nicht einfach strukturiert ist, sondern Organisationseinheiten in mannigfacher Form auftreten und auf komplizierte Weise miteinander verknüpft sind, wurde zur Bezeichnung dieses aufbauorganisatorischen Gebildes der Begriff ‚Komplexitätsform' gewählt. Sie bildet eine umweltverbundene, auf mannigfaltige und komplizierte Art zusammenhängende Gesamtheit organisatorischer Einheiten der Bildungsarbeit, die ihre Konkretisierung durch die Übernehmbarkeit von Aufgabenträgern des Bildungswesens erfahren. Eine

---

[1] Diese Informationen wurden der Broschüre „Bildungsarbeit im Unternehmen", Betrieb M, Ausgabe 1974, 1. Aufl., S. 18, entnommen. Die Zahl von hauptamtlichen Lehrkräften ist wohl deshalb so groß, weil auch Bibliothekare oder Lehrkräfte im Rahmen der Kunden- bzw. Abnehmerschulung enthalten sind.

[2] Den Mitarbeitern werden in 40 werkseigenen Büchereien über 80 000 Bücher und 70 000 Zeitschriftenbände angeboten. Im kaufmännischen Ausbildungssektor werden etwa 1200 kaufmännisch tätige Nachwuchskräfte (Auszubildende, Praktikanten) von 50 kaufmännisch vorgebildeten und pädagogisch geschulten Mitarbeitern betreut. Außerdem kommt eine hohe Zahl nebenamtlich tätiger Kräfte im kaufmännischen Bildungswesen hinzu. Im naturwissenschaftlich-technischen Bereich werden zwei interne Schulungseinheiten mit 17 hauptamtlich tätigen Betriebslehrern bzw. 90 nebenamtlichen Kräften zur Verfügung gestellt. Es existiert eine betriebseigene Datenverarbeitungsschule mit 160 hauptamtlichen Lehrkräften, denen 30 Unterrichtsräume zur Verfügung stehen (aus: Broschüre „Bildungsarbeit im Unternehmen", Betrieb M, Ausgabe 1974, 1. Aufl.).

[3] Diese Ausführungen beziehen sich auf Informationen zur Bildungsarbeit in Betrieb L (Fragebogen, Anhang, Frage 43).

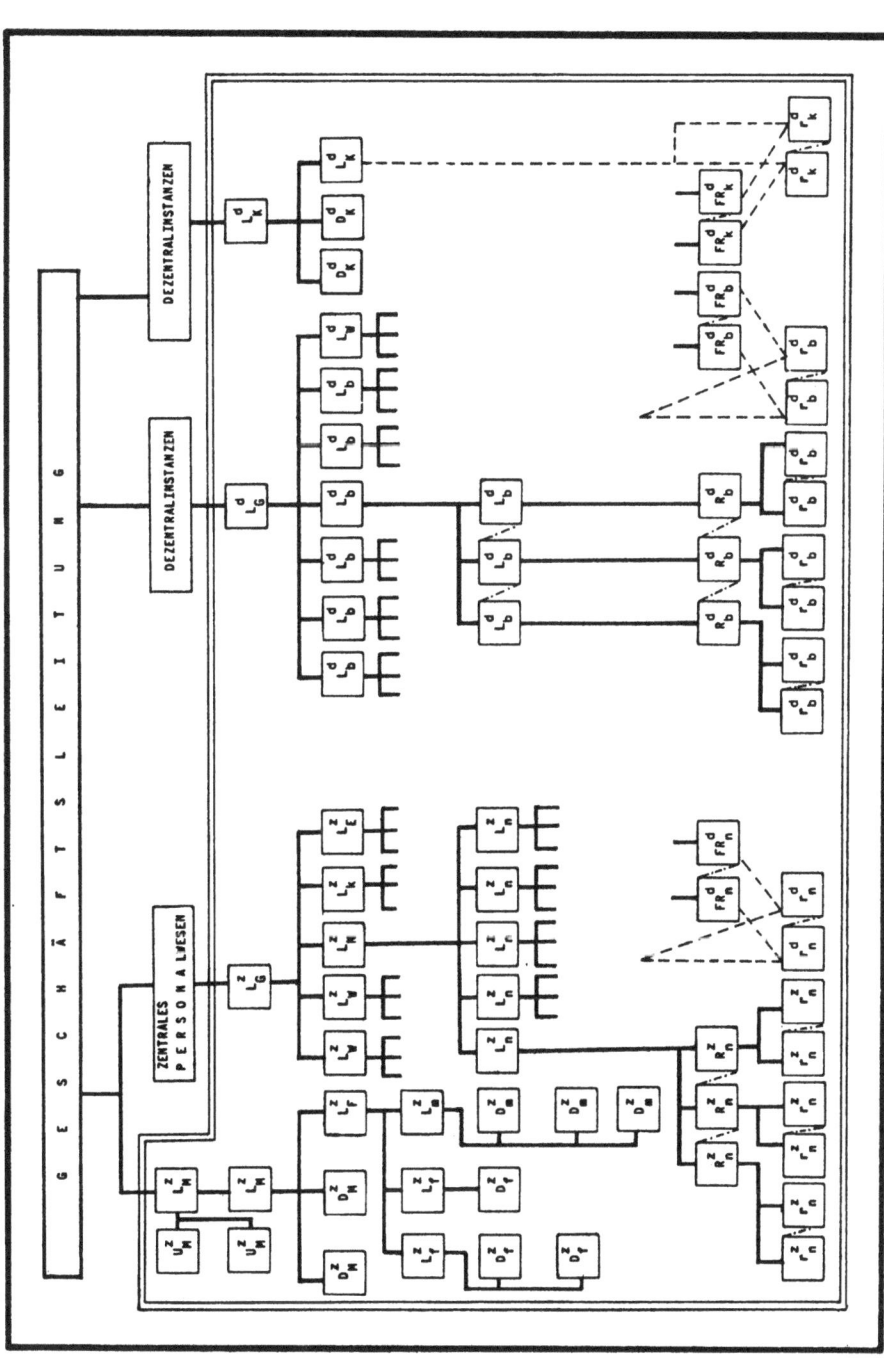

Abb. 8. Strukturbild einer Komplexitätsform.

Komplexitätsform besteht in manchen Fällen aus mehreren hundert Instanzen mit hauptamtlichen Aufgabenträgern[4].

2. Teilbereiche einer Komplexitätsform

Das in Abb. 8 dargestellte Muster einer Komplexitätsform zeigt, daß *diese* Gliederungsform aus vier wesentlichen Teilsystemen des Bildungswesens besteht. Die Aufgabenbereiche sind in zentrale Bildungsarbeit für das betriebliche Management, naturwissenschaftlich-technische Bildungsarbeit, gewerblich-technische Bildungsarbeit und kaufmännische Bildungsarbeit eingeteilt.

a) Management-Bildungsarbeit

Die Leitung der zentralen Fort- und Weiterbildungsarbeit für das Management obliegt einer Führungskraft, die dem Personal-Vorstand (Geschäftsleitung) direkt unterstellt ist. Diesem Leiter der Management-Bildungsarbeit, der sich um die Fort- und Weiterbildung von Führungskräften der oberen Ebenen des industriellen Großbetriebes bemüht, ist ein Leiter der Fort- und Weiterbildung zugeordnet, der allgemeine Management-Bildungsarbeit betreibt, interne Führungsseminare für außertarifliche Mitarbeiter organisiert und sich um qualifizierte Führungsnachwuchskräfte kümmert. Zentrale Bildungsdisponenten helfen bei der Ermittlung des Bedarfs an Führungskräfte-Bildungsarbeit und arbeiten bei der Planung von Maßnahmen der Personalentwicklung mit. Zur zentralen Management-Bildungsarbeit können auch viele Schulungseinheiten gezählt werden, in denen Schulung je nach Bedarf für verschiedene Führungskräfte von Betriebslehrern, Eigenreferenten oder Fremdreferenten durchgeführt wird.

Dem Leiter der Fort- und Weiterbildung für Führungskräfte untersteht ein weiterer zentraler Leiter für fachliche, führungsbezogene und außenorientierte Fortbildungsarbeit. Zu dessen Aufgabenbereich gehört die Führung der Mitarbeiter, die für die Organisation der Führungsseminare, Vorbereitung gesellschaftspolitischer Themenstellungen und Seminare über Managementmethoden (Rhetorik, Arbeitstechnik, Planspiele, Entscheidungstraining) zuständig sind. Außerdem gehören dazu der Leiter für die fachergänzende Weiterbildung[5] von Führungskräften und dessen Weiterbildungsdisponenten.

---

[4] Abb. 8 deutet die Aufbauorganisation des Bildungswesens in Betrieb L in sehr stark vereinfachender Weise an. Da dieses Organisationsgefüge aus mehreren hundert singularen Organisationseinheiten der Bildungsarbeit besteht, wurde aus Gründen der Übersichtlichkeit dieser Weg eingeschlagen (vgl. Fragebogen, Anhang, Fragen 11 - 19 und Nr. 20 - 26 bzw. Nr. 47 - 50).

Der zentrale Leiter für externe Weiterbildung berät zusammen mit einem Disponenten für externe Kurse Vorgesetzte und Mitarbeiter bei der Planung und Abwicklung von Fort- und Weiterbildungskursen.

Die Mitarbeiter dieses Teilsystems der Komplexitätsform des Bildungswesens bieten allen zentralen und dezentralen Organisationseinheiten des industriellen Großbetriebes ihre zentralen Dienste der Fort- und Weiterbildungsarbeit an. Die Verbindungen zwischen den zentralen Management-Organisationseinheiten sind Längsverbindungen mit Einfachunterstellung[6]. Die genannten zentralen Aufgabenträger für Fort- und Weiterbildungsarbeit des Managements bieten ihre Dienste den dezentralen Organisationseinheiten an. Weisungsbefugnis der Zentralstellen hinsichtlich der Dezentralstellen besteht nicht. Die Kontakte zu Dezentralstellen beschränken sich auf reine Arbeitskontakte und die Träger dezentraler Organisationseinheiten der Bildungsarbeit sind autonom in ihren Entscheidungen.

Außer dem Leiter der Management-Bildungsarbeit ist auch das zentrale Personalwesen direkt dem Personalvorstand unterstellt. Dem Zentralpersonalwesen ist die naturwissenschaftlich-technische Bildungsarbeit angegliedert.

b) Naturwissenschaftlich-technische Bildungsarbeit

Dem Leiter für naturwissenschaftlich-technische Bildungsarbeit, der für Mitarbeiter des gesamten Tarifbereiches zuständig ist, sind Leiter für berufliche Weiterbildung und allgemeine Weiterbildung verantwortlich. Diese Leiter und ihre Mitarbeiter befassen sich mit naturwissenschaftlich orientierten, internen Bildungsseminaren für Meister, Vorarbeiter und Techniker (berufliche Weiterbildung). Die für die allgemeine Weiterbildung zuständigen Mitarbeiter des Bildungswesens befassen sich mit den Bildungsaktivitäten nach Feierabend (Werksseminare).

Auf der Ebene der Leiter für berufliche und allgemeine Weiterbildung gibt es den Leiter für Bürogehilfinnen[7]-Ausbildung und den Leiter für Medieneinsatz[8] mit ihren Mitarbeitern.

Es kommt eine umfassende naturwissenschaftlich-technische Ausbildungsabteilung hinzu, die vor allem Chemielaboranten, Biologielaboranten,

---

[5] Mit fachergänzender Weiterbildung für Führungskräfte ist beispielsweise die Erweiterung der Kenntnisse eines Chemikers durch betriebswirtschaftliche Kenntnisse gemeint.

[6] Vgl. Abb. 8 der Arbeit.

[7] Es handelt sich um einen staatlich anerkannten Beruf mit zweijähriger Ausbildungszeit. Theoretische Ausbildung erfolgt in Berufsschule bzw. internem Unterricht und die praktische Ausbildung erfolgt in den Büros der Werke.

[8] In diesem Bereich besteht ein firmeneigenes Fernsehstudio.

Textillaboranten, Lacklaboranten, Chemielaborfachwerker, Gerber, Fotolaboranten usw. ausbildet. Weiterführende Ausbildungsgänge erfordern Organisationseinheiten für physikalisch-technische Assistenten, chemisch-technische Assistenten, Chemotechniker, ‚Operateure chemischer Technik' und ‚Industriemeister Chemie'. Die praktische Unterweisung wird im Ausbildungslabor von Ausbildern vollzogen, die als Chemotechniker, Physikotechniker, Biotechniker bzw. ‚Industriemeister Chemie' mit Spezialkenntnissen in Berufs- und Arbeitspädagogik in hauptamtlicher oder nebenamtlicher Tätigkeit ihre Ausbildungsarbeit im Betrieb verrichten. Die Aufgabenträger im Bereich der naturwissenschaftlichen Ausbildungsarbeit wirken eng mit allen Organisationseinheiten zusammen, an denen Auszubildende ihre Kenntnisse und Fertigkeiten in der Praxis vertiefen und dabei den Betriebsalltag kennenlernen[9].

Während des Einsatzes in der Forschungspraxis und Anwendungstechnik unterstehen die Auszubildenden einerseits dem nebenamtlichen Ausbilder und andererseits ihrem Ausbildungsleiter (Doppelunterstellung). Der Instanzenzug innerhalb des Teilsystems naturwissenschaftlich-technischer Bildungsarbeit, das dem zentralen Personalwesen untersteht, ist in der Form der Einfachunterstellung (Abb. 8) organisiert. Besonders intensive Querverbindungen bestehen von einigen Organisationseinheiten dieses Teilsystems zur Organisationseinheit Medieneinsatz, weil die Nutzung des firmeneigenen Fernsehstudios für die Träger der Aus- und Fortbildungsarbeit in Frage kommt. Bildungsarbeitskontakte bzw. Erfahrungsaustausch gibt es auch zwischen den Ausbildern im Ausbildungslabor.

c) Gewerblich-technische Bildungsarbeit

Die umfassende Struktur dieser Gliederungsform des Aufbaus der Bildungsarbeit wird erweitert durch die dezentrale Abteilung für gewerblich-technische Bildungsarbeit. Der Leiter dieses Teilsystems der Komplexitätsform ist der Geschäftsleitung nicht direkt unterstellt, weil zwischen dem Vorstandsmitglied (Ressort Technik und Logistik) und dem Bildungsleiter die technische Werksdirektion bzw. eine Hauptabteilung und eine Abteilung ‚Werkstätten' eingeordnet sind. Dem Leiter der gewerblich-technischen Bildungsarbeit untersteht eine relativ hohe Zahl[10] von leitenden Aufgabenträgern des Bildungswesens. Man unterscheidet beispielsweise hauptamtliche Leiter der Ausbildungsarbeit für ‚Metall I' (Bau- und Hochdruckrohr-

---

[9] 60 % der naturwiss. Auszubildenden verbringen diesen Teil der Ausbildung in Forschungslaboratorien und der Anwendungstechnik.
[10] Der Leiter der gewerblich-technischen Bildungsarbeit verzeichnet eine Subordinationsquote von insgesamt 15 Mitarbeitern, die ihm direkt unterstellt sind. (Vgl. Fragebogen, Anhang, Frage 52).

schlosser, Rohrinstallateure, Feinblechner, Warmformer, Schweißer) und ‚Metall II' (Betriebs- und Maschinenschlosser, Mechaniker und Feinmechaniker[11], Werkstofftechnik).

Außerdem gibt es einen Leiter für die Ausbildung ‚Nachrichtentechnik', bzw. Leiter für die Ausbildungsgebiete ‚Meß- und Regelungstechnik', ‚Kunststoff und Holz', ‚Technisches Zeichnen' und ‚Metall- und Elektroberufe'. Es gibt auch eine Organisationseinheit für Weiterbildung und Bildungsmittel. Als Beispiel für die Ausbildungsarbeit im gewerblich-technischen Sektor der Komplexitätsform soll der Ausbildungsbereich ‚Elektrotechnik' ausgewählt werden. Der für die Grundausbildung zuständige Leiter vollzieht mit Unterstützung seines Ausbilders die praktische Ausbildung in der Lehrwerkstatt.

Es gibt zum Beispiel Ausbildungsplätze an Werkbank, Schweißtisch und Amboß. Bestimmte Fertigkeiten, wie z.B. Schmelzschweißen, Schmieden und Zerspannen an Drehmaschinen werden in speziell dafür eingerichteten Werkstätten vermittelt. Auf der Basis dieser Kenntnisse[12] übernimmt im zweiten Jahr das Personal einer anderen Lehrwerkstatt die Auszubildenden zur Fachausbildung (Motorenbau, Schaltungen). Im Anschluß an diesen Ausbildungszweig werden die Kenntnisse an Organisationseinheiten (Technikumsausbildung, Werkstattbetriebe) weiter verbessert. Während ihrer Ausbildung werden die Auszubildenden auch an Ausbildungsplätzen unterwiesen, an denen Einblicke in Betriebsvorgänge, wie z.B. anfallende Reparaturarbeiten gegeben werden. Während dieser Ausbildung im Betrieb sind die Auszubildenden hinsichtlich der Unterweisung dem nebenamtlich tätigen Ausbilder und hinsichtlich des Erziehungsauftrages dem jeweiligen Leiter der Lehrwerkstatt unterstellt.

Arbeitskontakte bestehen einerseits zwischen den Leitern der Lehrwerkstätten und andererseits auch zwischen den Ausbildern, weil die Ausbildungsphasen aufeinander aufbauen und gegenseitige Information über den Ausbildungsfortschritt der Auszubildenden notwendig ist. Wie aus Abb. 8 zu ersehen ist, gilt als Unterstellungsprinzip die Einfachunterstellung.

d) Kaufmännische Bildungsarbeit

Der Leiter der gesamten kaufmännischen Bildungsarbeit ist als Abteilungsleiter mit Handlungsvollmacht nicht direkt der Geschäftsleitung (Ressort Verbraucherprodukte und Verkaufskoordination) unterstellt, son-

---

[11] In Betrieb L wird dieser Beruf zu den ‚technischen' Berufen gezählt.

[12] Zur Ergänzung der Ausbildung erteilen hauptamtlich tätige Ausbildungspersonen und nebenamtliche Aufgabenträger internen Unterricht (Werkunterricht), der sich nicht nur mit fachbezogenen, sondern auch mit allgemeinen Themen befaßt.

dern es sind die Verkaufskoordination bzw. die Verkaufspersonal-Koordination dazwischen geschaltet. Die plurale Organisationseinheit ‚kaufmännisches Bildungswesen' wird in die Sektoren ‚Mitarbeitertraining im Vertrieb', Ausbildungsarbeit zum Bürokaufmann und Ausbildungsarbeit für ‚Wirtschaftsassistenten' eingeteilt.

Das Vertriebstraining trägt dazu bei, daß die Vertriebsmitarbeiter verkaufstechnisch und verkaufspsychologisch auf dem vom Markt geforderten Stand gehalten werden. Die mit Planung und Organisation des Verkäufertrainings verbundenen Aufgaben werden von einem Disponenten für Vertriebstraining wahrgenommen. Ein weiterer Disponent ist für die Abwicklung der Verwaltungsarbeiten im Zusammenhang mit der Ausbildung zum Bürokaufmann zuständig. Für die Ausbildung zum ‚Wirtschaftsassistenten'[13] ist ein Leiter zuständig, der die Verantwortung für die Einhaltung des Ausbildungsauftrages hat. Er hat darüber zu wachen, daß die Grundprinzipien der Ausbildungarbeit in den kaufmännischen Abteilungen eingehalten werden. Die Ausbildungsplätze in diesen Abteilungen sind dem Leiter der kaufmännischen Ausbildungsarbeit in gesamt-disziplinarischer Hinsicht unterstellt, während für den fachlichen Teil der Unterweisung jeweils nebenamtliche Ausbilder als ‚Ausbildungsbeauftragte' zuständig sind. Verschiedene Ausbildungsbeauftragte halten Kontakte zueinander und informieren sich gegenseitig über Ausbildungsergebnisse. Der Leiter der kaufmännischen Bildungsarbeit gab zu verstehen, daß die in den Abteilungen vorhandenen Aufgabenbeschreibungen für Ausbildungsplätze, d.h. Ausbildungsplatzbeschreibungen, sehr vorteilhaft sind, weil die Lernziele verdeutlicht werden und somit eine bessere Erfolgskontrolle ermöglicht wird.

Vergleicht man die Positionen von Leitern der genannten Teilbereiche für Management-Bildungsarbeit, Naturwissenschaftlich-technische Bildungsarbeit, gewerblich-technische Bildungsarbeit und kaufmännische Bildungsarbeit miteinander, so fallen Unterschiede in den Unterstellungsverhältnissen auf: Während der Leiter der Management-Bildungsabteilung direkt der Geschäftsleitung unterstellt ist, hat der Leiter der naturwissenschaftlich-technischen Bildungsarbeit den Leiter des zentralen Personal- und Sozialwesens als Chef.

Zwischen dem Leiter der dezentralen, technisch-gewerblichen Bildungsarbeit und der Geschäftsleitung bzw. zwischen dem dezentralen Leiter des kaufmännischen Bildungswesens und der Unternehmensleitung befinden

---

[13] Die Verantwortlichen für die Bildungsarbeit in Betrieb L zeigen mit diesem Modell für Abiturienten eine Alternative zum Hochschulstudium. Dieser Industriebetrieb bietet also einen Ausbildungsweg an, der auch ohne Studium zum Wettbewerb um Management-Positionen qualifiziert. In einer ersten Phase wird zum Industriekaufmann ausgebildet und anschließend erfolgt, bei mit gutem Erfolg abgeschlossener Ausbildung, die weitere Ausbildung zum Wirtschaftsassistenten.

sich mehrere hierarchische Stufen. Daraus ist ableitbar, daß die Leiter der zentralen Bildungsabteilungen auf höherer hierarchischer Stufe eingeordnet wurden als die Leiter der dezentralen Bildungsabteilungen.

Insbesondere die Einstufung der Management-Bildungsabteilung hebt sich von den anderen Bildungsabteilungen der Komplexitätsform ab.

e) Sonstige Bildungsarbeit

Im Rahmen der Darstellung von Bildungsaktivitäten soll nicht vergessen werden, auf eine Reihe von weiteren Bildungsaufgaben hinzuweisen, zu deren Bewältigung ebenfalls Organisationseinheiten der Bildungsarbeit zur Verfügung stehen[14].

Zu den Organisationseinheiten der Komplexitätsform gehört ein Arbeitskreis ‚Berufsbildungskoordination'[15], der aus den Leitern der Teilsysteme und den Leitern des Personalwesens besteht. Ein Organigramm[16] der Bildungsarbeit besteht in Betrieb L nicht, während in Betrieb M ein umfangreiches Organigramm des Bildungswesens mit einer Übersicht über die hauptamtlichen Träger der Bildungsarbeit existiert. In beiden Betrieben gibt es Richtlinien zur Bildungsarbeit, die Hinweise auf den Aufbau des Bildungswesens enthalten. Es gibt außerdem Aufgabenbeschreibungen[17] für hauptamtlich tätige Kräfte im Bildungswesen.

3. Verbindungen

a) Verbindungen innerhalb der Teilbereiche

Der Instanzenzug innerhalb der vier dargestellten Teilsysteme ist in Form von Längsverbindungen, d. h. als Einfachunterstellung, organisiert. Doppelunterstellungen gibt es überall dort, wo einerseits nebenamtlich tätige

---

[14] Die Bildungsarbeit des Betriebes L hat eine lange Tradition. Der Beginn systematischer Berufsausbildung lag im Jahre 1927. Zum Untersuchungszeitpunkt gab es in diesem Betrieb auch Ausbildungsmöglichkeiten in selteneren Berufen (z. B. Gärtner, Reisebürokaufmann, Köche). Auszubildende erhalten die Möglichkeit zu Schullandheimaufenthalten, zu Jugenddorfbesuchen und Studienfahrten. Jugendliche ohne Hauptschulabschluß werden ebenfalls gefördert. Man bildet Abiturienten nicht nur zu Wirtschaftsassistenten, sondern auch zu mathematisch-technischen Assistenten, Ingenieurassistenten (Berufsakademie) und Ingenieuren (Berufsakademie) aus. Nicht zu vergessen sind auch Ausbildungsplätze für Praktikanten (Beispiele: Agrarwissenschaft, Architektur, Ernährungs- und Haushaltswissenschaft, Grafik-Design, Informatik, Lederverarbeitung, Medizin, Sprachen usw.).
[15] Vgl. Fragebogen, Anhang, Frage 18. In Betrieb M gibt es zusätzliche Entscheidungsgremien, wie z. B. Vorstandsausschuß für Personal- und Sozialpolitik, kaufmännischen und technischen Bildungsausschuß.
[16] Vgl. Fragebogen, Anhang, Fragen 13 und 20.
[17] Ebenda, Frage 9.

Ausbilder unterweisen und andererseits der Leiter des Bildungswesens einen Erziehungsauftrag hat. Wie bereits erwähnt wurde, gibt es innerhalb der Teilbereiche Informal-, Quer-, Außen- und Diagonalverbindungen.

b) Beziehungen zwischen Teilbereichen

Die Leiter der vier Teilsysteme einer Komplexitätsform des Aufbaus der Bildungsarbeit tauschen über Querverbindungen regelmäßig Informationen aus. Die Teilsysteme sind nicht losgelöst voneinander zu betrachten, sondern es existiert ein strukturiertes Netz horizontaler und diagonaler Querverbindungen. Es bestehen beispielsweise Arbeitskontakte von den Aufgabenträgern der zentralen Fort- und Weiterbildungsarbeit für das Management zu dezentralen und zentralen Stellen[18]. Im Rahmen der Seminarvorbereitung, Programmzusammenstellung, Seminarkritik usw. gibt es viele Querkontakte zwischen den Leitern der Teilsysteme und den Vorgesetzten bzw. Mitarbeitern der jeweiligen Fachabteilungen. Die Interviewpartner bestätigten, daß eine Fülle von Außenverbindungen zur Umwelt der Teilsysteme, z.B. zu Universität, Betrieben und Behörden, zu verzeichnen ist[19].

Versucht man, die umfassende Zahl von Instanzen und Stellen einer Komplexitätsform in eine Ordnung zu bringen, so ergeben sich folgende Organisationseinheiten.

4. Organisationseinheiten der Komplexitätsform

a) Leitungsstellen

Eine Leitungsstelle der Bildungsarbeit innerhalb einer Komplexitätsform ist identisch mit einer singularen organisatorischen Einheit, deren Aufgabenkombinat eine Dominanz von Führungsaufgaben aufweist. Die besondere Struktur dieser Instanz begründet – durch Entscheidungs- und Anordnungsbefugnis nach innen bzw. Repräsentation nach außen – Zuständigkeiten, die auf die Aufgabenstellung und Aufgabenerfüllung von Dispositions- bzw. Realisationsstellen der Bildungsarbeit ausgerichtet sind. Zu den typischen Leitungsaufgaben zählen Entscheidungen über die langfristige Konzeption der Bildungsarbeit bzw. über die Budgetierung der Gesamtkosten des Bildungswesens im industriellen Großbetrieb. Außer Informations-, Motivations-, Beratungs- und Kontaktaufgaben zu vor-, nach- und gleichgelagerten Stellen des Betriebes wird von Trägern dieser Organisationseinheiten des Bildungswesens über die Bildungsplanung entschieden. Es sind Entschei-

---

[18] Vgl. Fragebogen, Anhang, Frage 26.
[19] Ebenda, Fragen 13 bzw. 20.

dungen zur detaillierten Gestaltung der Bildungsarbeit im Großbetrieb zu treffen (Referenteneinsatz, Mitarbeiterauswahl, Prüfung von Unterrichtsmitteln bzw. Methoden) und neueste Erkenntnisse auf dem Bildungssektor an andere Betriebsstellen weiterzugeben. Als weitere Aufgaben können Vorträge bzw. Referate hinzukommen.

Von allen genannten Aufgaben sind insbesondere die Planungsaufgaben an Leitungsstellen hervorzuheben. Diese Aufgaben dominieren gegenüber Beratungs-, Kontakt-, Organisations-, Verwaltungs- bzw. Kontrollaufgaben und insbesondere die Realisationsaufgaben bleiben im Hintergrund[20]. Die Leiter dieser Organisationseinheiten führen ihre Aufgaben hauptamtlich aus.

b) Schulungseinheiten

Komplexitätsformen des Bildungswesens enthalten sehr umfassend gestaltete, betriebseigene Schulungsstätten, Schulungszentren und Institute für Sprachschulung. Solche Organisationseinheiten sollen unter dem Oberbegriff Schulungseinheiten zusammengefaßt werden. Diese Organisationseinheiten umfassen umfangreiche Trainingsaufgaben[21] der Bildungsarbeit, die häufig von hauptamtlichen Lehrern wahrgenommen werden. Die Realisationsaufgaben der Bildungsarbeit bestehen aus Aufgabenkombinaten der Vorbereitung, Durchführung und Kontrolle von Seminaren bzw. anderen Veranstaltungen. Nicht zu diesen Organisationseinheiten zählen Lehrwerkstätten, improvisierte Führungsseminare in internen Besprechungsräumen des Betriebes oder in Hotels mit Fremdreferenten durchgeführte Seminare. Letztere Veranstaltungen bilden zwar ein wesentliches Element des großbetrieblichen Bildungskonzeptes, aber sie können nicht als Organisationseinheiten mit aufbauorganisatorischem Gliedcharakter angesehen werden.

c) Dispositionsstellen

Eine Dispositionsstelle der Bildungsarbeit innerhalb einer Komplexitätsform umfaßt nicht nur detaillierte Planungs- bzw. Kontrollaufgaben und

---

[20] Die untersuchten Instanzen betreffen die obersten Stufen der Leitungshierarchie des Bildungswesens von Großbetrieben mit Komplexitätsform. Nach diesen Untersuchungen kann man davon ausgehen, daß die Planung der Bildungsarbeit den überwiegenden Teil von 30 - 40 % ausmacht (Zeitanteil in % der Gesamtaufgabe), gefolgt von Beratungs- und Kontaktaufgaben (25 %) und den Organisations-, Verwaltungs- und Kontrollaufgaben. Die Realisationsaufgaben wurden in Extremfällen bis zu ·10 % der Gesamtaufgabe angegeben (Vorträge, Referate). Vgl. Fragebogen, Anhang, Frage 40.

[21] Eine Schulungseinheit wurde in die Aufbauorganisation des Bildungswesens als nicht mehr unterteilte, singulare Organisationseinheit aufgenommen. Eine weitere Untergliederung eines Bildungszentrums oder eines Sprachinstitutes hat sich im Rahmen dieser Arbeit als nicht zweckmäßig erwiesen.

materielle bzw. informationelle Verwaltungsaufgaben, sondern – in geringerem Ausmaß – auch Aufgaben der Unterrichtung von Mitarbeitern[22].

Während zu den vorbereitenden Dispositionsaufgaben sowohl die Erfassung des kurzfristigen Bildungsbedarfs als auch die Ausarbeitung von Bildungsplänen zu rechnen sind, umfassen Kontrollaufgaben die Aufnahme von Ergebnissen externer und interner Schulungsmaßnahmen. Zu den Verwaltungsaufgaben gehören, außer der Beschäftigung mit dem externen Bildungsangebot, die Führung von Statistik bzw. Korrespondenzaufgaben. Dazu zählen Anmeldungen, Hotelreservierungen für Mitarbeiter und die Erfassung von Kosten und Leistungen der Bildungsarbeit.

Zu den informationellen Verwaltungsaufgaben kann außer den Umweltkontakten zu Schulen, Kammern, Verbänden, Firmen und Behörden die Berichterstattung an vorgesetzte Instanzen, die Beratung von Mitarbeitern in Einzelfragen und beratende Hilfestellung für Vorgesetzte von Fachabteilungen gezählt werden. Außerdem gehören zu einer Dispositionsstelle Aufgaben der Bildungsorganisation, der Programmgestaltung, der Werbung für die Bildungsarbeit, Vorschläge zur Zusammensetzung der Kursteilnehmer und die Prüfung von Bildungsprospekten bzw. die Karteiführung. Auch Vorschläge zur Verbesserung von Methodik und Didaktik hinsichtlich der Bildungsseminare können Bestandteile dieses Aufgabenkombinats sein, das von dem jeweiligen Aufgabenträger hauptamtlich wahrgenommen wird.

d) Ausbilderstellen

Die hauptamtlichen Träger an Ausbilderstellen haben sowohl im naturwissenschaftlich-technischen Bereich als auch im gewerblich-technischen Sektor Unterweisungsaufgaben zu verrichten. Im kaufmännischen Bereich gibt es in der Regel keine Ausbilderstellen mit hauptamtlich tätigen Trägern.

Hauptamtliche Ausbilder in einer Lehrwerkstatt haben die Auszubildenden zunächst einzuführen und ihnen – entsprechend den beruflichen Anforderungen – das nötige Wissen und Können zu vermitteln. Viele Ausbilder nehmen außer der praktischen Unterweisung der Auszubildenden auch im internen Werkunterricht Lehraufgaben wahr.

Außerdem kontrolliert der Ausbilder die Ausbildungsnachweise der Auszubildenden, die damit den Beweis erbringen sollen, daß sie die Unterweisung verstanden haben. Vor allem hat der Ausbilder darauf zu achten,

---

[22] Die in Komplexitätsformen vorgefundenen Dispositionsstellen hatten nach Auskunft der Interviewpartner recht unterschiedliche Dispositionsanteile zu verzeichnen. Man kann davon ausgehen, daß für eine typische Dispositionsstelle ein Verhältnis zwischen Disposition und Realisation der Bildungsarbeit von 90 % zu höchstens 10 % (Zeitanteil in % der Gesamtaufgabe) anzunehmen ist (vgl. Fragebogen, Anhang, Frage 16 bzw. 23).

daß die Berichte selbständig verfaßt werden. Er hat die Auszubildenden regelmäßig zu beurteilen und sie bei Schwierigkeiten auf den richtigen Weg zu bringen. Darüber hinaus hat der Ausbilder dafür Sorge zu tragen, daß der Auszubildende während seiner Ausbildungszeit zu einem positiven Auftreten im Betrieb findet (korrektes Benehmen, Arbeitsbereitschaft usw.). Die anfallenden Realisationsaufgaben der Ausbildungsarbeit dominieren[23] eindeutig gegenüber den Dispositionsaufgaben[24].

Außer diesen hauptamtlichen Leistungsträgern im Bildungswesen sind im Ausbildungssektor insbesondere die nebenamtlich tätigen Ausbilder in den Fachabteilungen zu nennen. Unabhängig davon, ob diese nebenamtlichen Ausbilder im naturwissenschaftlich-technischen, gewerblich-technischen oder kaufmännischen Sektor eingesetzt werden, haben alle diese Aufgabenträger eine Gemeinsamkeit:

Sie führen die Auszubildenden direkt am Ausbildungsplatz in das betreffende Lehrgebiet ein, bereiten die Durchführung der Realisation vor und unterweisen nach vorliegenden Plänen. Betreuung und Beurteilung von Auszubildenden gehören ebenso zu ihren Aufgaben, wie das Durchsehen von Berichten der Auszubildenden über die Ausbildungsplätze. Nicht zu vergessen sind auch die Vorgesetzten der nebenamtlichen Ausbilder, die die Ausbildungsarbeit überwachen und oft selbst Realisationsaufgaben wahrnehmen (Werkunterricht für Auszubildende). Diese Vorgesetzten widmen aber nur einen ganz geringen Teil ihrer Arbeitszeit den Ausbildungsaufgaben.

e) Ausbildungsplätze

Komplexitätsformen enthalten Ausbildungsplätze, deren Aufgabenstruktur so differenziert dargestellt ist, daß Auszubildende detaillierte Einsicht in die Aufgaben erhalten. Ausbildungsplätze[25] kann man unterteilen in

---

[23] Nach den Untersuchungsergebnissen kann davon ausgegangen werden, daß eine typische Ausbilderstelle zu 80 % bis 90 % des Gesamtaufgabenkombinats (Zeitanteil in % der Gesamtaufgabe) aus Aufgaben der Lehrrealisation besteht (vgl. Fragebogen, Anhang, Fragen 16 bzw. 23).

[24] Die Untersuchung von Komplexitätsformen ergab auch vereinzelte Stellen der Bildungsarbeit (mit hauptamtlichen Trägern), die nicht eindeutig den Dispositions- bzw. Ausbilderstellen zugeordnet werden können, wenn die Realisations- bzw. Dispositionsaufgaben etwa zu gleichen Anteilen verteilt sind. Eine solche Stelle der Bildungsarbeit kann als ,Trainingsstelle' mit hauptamtlich tätigem ,Trainingsspezialisten' bezeichnet werden.

[25] Von ,Ausbildungsstellen' kann man nach den Untersuchungsergebnissen nicht sprechen, weil die in der Praxis vorgefundenen Organisationseinheiten nicht alle Definitionskriterien einer Stelle erfüllen (vgl. zu den Definitionskriterien der Stelle: Gaugler, E.: Instanzenbildung ..., a.a.O., S. 15 ff.). Zwar können Lernaufgaben als echte Teilaufgaben mit Zweckorientierung angesehen werden, die durch Aufgabenträger übernehmbar sind und eine Koordination erfahren, aber ein echter Gliedcharakter besteht in der Praxis nicht (vgl. Fragebogen, Anhang, Frage 53). Diese singularen Organisationseinheiten wurden als Ausbildungsplätze bezeichnet und in

naturwissenschaftlich-technische, gewerblich-technische und kaufmännische Organisationseinheiten. Man kann auch eine andere Einteilung in Lehrwerkstätten-Ausbildungsplätze und Fachabteilungs-Ausbildungsplätze vornehmen. Die Lernaufgaben an Ausbildungsplätzen umfassen nicht nur die Realisation des Lernens während der Ausbildung, sondern auch Aufgaben der Vorbereitung des Lernens und Aufgaben der Selbstkontrolle[26].

f) Wirkzusammenhang

Im Fort- und Weiterbildungsbereich spielen die Aufgaben der Vorgesetzten in den Fachabteilungen eine wesentliche Rolle. Dennoch nehmen die bildungsbezogenen Aufgaben einer solchen Instanz gegenüber den eigentlichen Hauptaufgaben, wie z. B. Leitung der Absatzabteilung, einen geringen Bruchteil ein. Auch viele Mitarbeiter sind nebenamtlich tätig.

Die Initiative zur Fort- und Weiterbildungsarbeit im industriellen Großbetrieb kann sowohl vom Mitarbeiter selbst als auch von seinem Vorgesetzten ausgehen. Wesentlicher Bestandteil der Führungsaufgabe des Vorgesetzten ist die Förderung der Mitarbeiter und die mit dem Mitarbeiter gemeinsam zu vollziehende Maßnahmenplanung zur Weiterbildung.

Ein Beispiel aus der betrieblichen Praxis soll den Zusammenhang der Fort- und Weiterbildungsarbeit verdeutlichen[27]. Unterstellt man, daß ein Verkaufsmitarbeiter, der im dezentralen Unternehmensressort ‚Verkaufskoordination' beschäftigt ist, ein Seminar über ein arbeitsplatzorientiertes Thema besuchen soll, so wird sich der Vorgesetzte an den Leiter für kaufmännische Bildungsarbeit oder dessen Disponenten wenden. Der Vorgesetzte trifft im allgemeinen die Entscheidung, ob ein Mitarbeiter an einer Weiterbildungsveranstaltung teilnimmt. Er kennt das Leistungsvermögen seiner Mitarbeiter am besten und kann am ehesten über Ansatzpunkte für Bildungsmaßnahmen entscheiden.

Die informierten Träger der dezentralen Bildungsarbeit im kaufmännischen Bereich ermitteln nun den konkreten Weiterbildungsbedarf und geben – in Abstimmung mit dem Vorgesetzten – den Termin der Bildungsveranstaltung bekannt. Die Zentrale für Fort- und Weiterbildung der Managementkräfte braucht in solchen Fällen nicht eingeschaltet zu werden. Nach der Beendigung des Seminarbesuches führen Vorgesetzter bzw. Ver-

---

modellhafter Weise angegliedert, damit das Gefüge von Verbindungen bis zur Basis der Gliederungsform durchschaubar bleibt. Im Sprachgebrauch der Praxis findet man häufig die Bezeichnung ‚Lehrstelle'. Um terminologische Unklarheiten zu vermeiden, wurde auf diesen Begriff verzichtet.

[26] Die konkrete Struktur der Lernaufgabenkombinate hängt jeweils vom beruflichen Bezug ab.

[27] Das folgende Beispiel bezieht sich auf Betrieb L (vgl. Fragebogen, Anhang, Frage 41).

anstalter eine gemeinsame Erfolgskontrolle durch, die durch häufige Arbeitskontakte laufend ergänzt wird. Man geht zunächst davon aus, daß der Mitarbeiter nun in der Lage ist, die konkreten Alltagsaufgaben besser zu bewältigen (Sollzustand). Ob der Weiterbildungsbedarf gedeckt ist, zeigt
sich aber konkret erst nach der Bewährung an der Arbeitsstelle (Istzustand).
Vom Vorgesetzten sind in gewissen Abständen Leistungsbeurteilungen zu
erstellen, damit der Soll-Ist-Vergleich zur Ermittlung notwendiger Bildungsmaßnahmen vollzogen werden kann. Ergeben sich Bildungsmaßnahmen, die von den Dezentralstellen nicht in Eigenregie zu vollziehen sind, so
wird die Zentrale für Management- bzw. Fortbildungsarbeit eingeschaltet.
Häufig wird dann von Mitarbeitern des Büros für „externe Kurse" geprüft,
welche Bildungsangebote am Markt bestehen.

5. Besonderheiten der Aufgabenträger

a) Eignung der Aufgabenträger

Da die verschiedenen, hauptamtlich tätigen Leiter der Bildungsarbeit
unterschiedliche Aufgabenkomplexe zu bewältigen haben, erfordert die
Betrachtung des Eignungspotentials eine differenzierte Vorgehensweise.

Der Leiter der Management-Bildungsarbeit, welcher direkt der Geschäftsleitung unterstellt ist, hat außer der Qualifikation zu wissenschaftlich-analy-
tischem Denken auch Erfahrungen im Umgang mit Führungskräften. Man
erwartet von diesem Leiter Engagement, Zielstrebigkeit, Kooperations-
und Kontaktfähigkeit und vor allem Kenntnisse über Führungslehre, Mit-
arbeitermotivation, Lerntheorie bzw. Bildungsplanung, soweit sich dieses
Wissen auf den Management-Sektor bezieht. Außerdem sind zur Bewältigung
der Aufgaben dieser Instanz Fertigkeiten Voraussetzung, die zur Gestaltung
von Management-Bildungsprogrammen und zur Ermittlung des Manage-
ment-Bildungsbedarfs befähigen.

Während der Leiter des naturwissenschaftlich-technischen Bildungswesens beispielsweise einen Studienabschluß als Chemiker, Physiker (mit
bzw. ohne Promotion) hat, wird vom Leiter der gewerblich-technischen Bildungsarbeit ein Hochschulabschluß als Ingenieur verlangt. Für die Leitung
des kaufmännischen Bereichs kommt als Mindestvoraussetzung der Studienabschluß zum Diplom-Kaufmann in Frage.

Ein Leiter der Berufsbildung sollte die Grundlagen der Betriebspädagogik
kennen und Arbeitspsychologie, Didaktik und Methodik beurteilen können
bzw. Kenntnisse über die Ordnung der Berufe, über Leistungsbeurteilung
und über die aktuelle Gesetzgebung haben[28].

---

[28] Vgl. Fragebogen, Anhang, Frage 36, Betrieb L.

Im geistig-charakterlichen Bereich sind folgende Eignungsfaktoren hervorzuheben: Selbständigkeit und Verantwortungsbereitschaft, Aktivität und Einsatzfreude, Urteilsfähigkeit, Initiative, Belastbarkeit, Verhandlungsgabe und Ausdrucksfähigkeit. Ein Leiter auf oberster Ebene des Bildungswesens sollte die Fähigkeit haben, große Bildungsbereiche zu steuern, die unterstellten Mitarbeiter zielbewußt zu führen.

Diese Erfordernisse zeigen, daß für die Leitung einer Bildungsabteilung innerhalb der Komplexitätsform des Bildungswesens keine Berufsanfänger geeignet sind, sondern daß Führungserfahrungen zur Aufgabenbewältigung notwendig werden. In den untersuchten Betrieben mit komplex organisiertem Aufbau der Bildungsarbeit fanden sich auf der obersten Leitungsebene des Bildungswesens keine reinen Praktiker, sondern ausschließlich Bildungskräfte mit akademischem Abschluß. Die Wissensexplosion der letzten Jahrzehnte läßt die Bewältigung der Führungsaufgabenkombinate auf der Basis ausschließlich praktischer Erfahrungen wohl kaum zu.

Unabhängig von seinem bestimmten Arbeitsgebiet erwartet man von einem hauptamtlich tätigen Disponenten der Bildungsarbeit im industriellen Großbetrieb Einsatzbereitschaft, Gewissenhaftigkeit und Ausdauer, Hingabe zu Verwaltungs-, Planungs- und Organisationsaufgaben bzw. Aufgeschlossenheit im Kontakt mit Mitarbeitern, Vorgesetzten und außerbetrieblichem Personal. Die Lösung der Dispositionsaufgaben erfordert einen zur kritischen Analyse bereiten, in betriebswirtschaftlichen Kostenrelationen denkenden Mitarbeiter. Gute Allgemeinbildung ist ebenso Voraussetzung wie stetige und zielstrebige Arbeitsweise. Der Bildungsdisponent soll vor allem als Weiterbildungsfachmann Abläufe der Bildungsarbeit analytisch-synthetisch erfassen und Verbesserungsvorschläge daraus erarbeiten können.

Hauptamtlich tätige Lehrkräfte im Fort- und Weiterbildungsbereich (Andragogik) sollten pädagogische Kenntnisse und Fähigkeiten mitbringen und natürlich die zur Aufgabenbewältigung nötigen Fachkenntnisse haben. Offenheit gegenüber neuen Stoffgebieten, Geschick bei Seminarvorträgen, Beurteilungsvermögen und vor allem Selbsterziehung sind herausragende Eignungsfaktoren. Diese Lehrpersonen sollten die auf dem Markt befindlichen modernen Medien kennen.

Von allen hauptamtlich tätigen Aufgabenträgern des Bildungswesens im industriellen Großbetrieb wird erwartet, daß sie die gesetzlichen Grundlagen der Bildungsarbeit kennen und die aktuelle Bildungspolitik einschätzen können. Praktisch verwertbare Kenntnisse und Fertigkeiten sind auch im Aus-, Fort- und Weiterbildungsbereich die Basis für erfolgreiches Tätigsein im Betrieb. Autorität im Bildungswesen ergibt sich nicht ‚kraft Amtes‘, sondern aus dem täglichen Engagement und den immer wiederkehrenden Beweisen der Führungspersönlichkeit des leitenden Aufgabenträgers.

In den untersuchten Betrieben mit Komplexitätsform des Bildungswesens werden auch hohe Anforderungen an die Eignung des nebenamtlich tätigen Ausbildungspersonals gestellt. Es werden beispielsweise bevorzugt Meister und Vorarbeiter mit Ausbildungsaufgaben betraut und es werden kaum Arbeiter oder ‚Hilfsausbilder' eingesetzt, die keine fachlich-pädagogische Eignung mitbringen. Die Vorgesetzten der nebenamtlich tätigen Ausbilder sollen Bereitschaft zur Ausbildungsarbeit mitbringen und Bewertungen bzw. Beurteilungen über Auszubildende abgeben können. Sie sollen die Ausbildungsinhalte des betreffenden Berufs- und Arbeitsfeldes kennen und im Betrieb als Persönlichkeit anerkannt sein.

Von den mit Weiterbildungsaufgaben betrauten Vorgesetzten in den einzelnen Fachabteilungen des industriellen Großbetriebes erwartet man, daß sie Fort- und Weiterbildungsarbeit für ihre Mitarbeiter als Bestandteil ihrer Führungsaufgabe betrachten. Fähigkeit zur Zusammenarbeit, Offenheit gegenüber Mitarbeitern und Bereitschaft, das Bildungsgeschehen im Betrieb aktiv zu beeinflussen, bilden die wesentlichen Eignungskomponenten.

b) Kompetenzbezeichnungen

Die Interviewergebnisse von ausgewählten Großbetrieben der Industrie enthalten auch Hinweise auf spezielle Kompetenzbezeichnungen für Träger der Bildungsarbeit. Da in zentralen Fort- und Weiterbildungsabteilungen für das Management einerseits qualifiziertes Personal benötigt wird, andererseits z. B. den Bildungsdisponenten keine Mitarbeiter des Bildungswesens unterstellt sind und somit keine ‚statusgemäße' Subordinationsquote gegeben ist, haben industrielle Großbetriebe das sogenannte ‚Referentensystem' eingeführt[29].

Die Einführung von Referentenbezeichnungen soll dazu dienen, daß den für Fachabteilungen des Industriebetriebes üblichen Trägerbezeichnungen (Hauptabteilungsleiter, Abteilungsleiter, Gruppenleiter usw.) adäquate Bezeichnungen auf der Ebene der Bildungsarbeit gegenüberstehen.

Da in den untersuchten Betrieben recht unterschiedliche Referentenbezeichnungen gebräuchlich sind, soll als Vorschlag zur Vereinheitlichung der Begriffe folgende Rangfolge der Zentralträger des Bildungswesens gewählt werden: Ressortreferent, Hauptreferent, Referent und Fachreferent[30].

Die Tabelle zeigt, daß den entsprechenden Kompetenzbezeichnungen für die Fachabteilungen des industriellen Großbetriebes Kompetenzbegriffe für das Bildungswesen gegenüberstehen. Zentralträger des Bildungswesens können als Hauptbereichsreferatsleiter, Hauptreferatsleiter, Referatsleiter

---

[29] Hinweise ergaben sich in Betrieb H und Betrieb M.
[30] Vgl. Tab. 5.

und Fachreferatsleiter bezeichnet werden. Derartige Regelungen sollen dazu beitragen, daß gegenüber Fachabteilungen möglichst wenig ‚Statusdefizite' auftreten.

Tabelle 5

Referentensystem im Industriebetrieb (Komplexitätsform der Bildungsarbeit)

Kriterien des Industriebetriebes	Fachabteilungen des Industriebetriebes	Zentrale Bildungsabteilung des Industriebetriebes
Abteilungsform	Ressort (Hauptbereich)	Ressortreferat (Hauptbereichsreferat)
Aufgabenträger	Ressortleiter (Hauptbereichsleiter)	Ressortreferatsleiter (Hauptbereichs- referatsleiter)
Kompetenzbezeichnung	Direktor mit Prokura (Hauptbereich)	Ressortreferent (Hauptbereichsreferent)
Abteilungsform	Hauptabteilung	Hauptreferat
Aufgabenträger	Hauptabteilungsleiter	Hauptreferatsleiter
Kompetenzbezeichnung	Prokurist	Hauptreferent
Abteilungsform	Abteilung	Referat
Aufgabenträger	Abteilungsleiter	Referatsleiter
Kompetenzbezeichnung	Abteilungsbevollmächtigter	Referent
Abteilungsform	Gruppe	Fachreferat
Aufgabenträger	Gruppenleiter	Fachreferatsleiter
Kompetenzbezeichnung	Gruppenbevollmächtigter	Fachreferent

6. Stärken einer Komplexitätsform

a) Großzügige Aufbaugestaltung

Insbesondere die Geschäftsleitung der untersuchten Großbetriebe mit Komplexitätsform der Bildungsarbeit betrachtet Bildungsmaßnahmen als langfristige Investition. Dieser Grundsatz schlägt sich auch in der Art der Organisation des Aufbaus der Bildungsarbeit nieder. Die zentralen Aufgabenträger der Management-Bildungsarbeit bieten allen zentralen und dezentralen Organisationseinheiten des Betriebes umfassende Dienste der Fort- und Weiterbildungsarbeit an. In den vorhandenen Schulungseinheiten der Bildungsarbeit wird unter Einsatz von Eigen- und Fremdreferenten den Führungskräften des Industriebetriebes ein reichhaltiges Bildungsprogramm angeboten. Der obige Grundsatz zeigt sich auch an der umfassenden Zahl singularer Organisationseinheiten, die im naturwissenschaftlich-technischen Bildungsbereich, im gewerblich-technischen und im kaufmännischen Bildungsbereich gegeben sind. Da für eine Vielzahl unterschiedlicher Berufe ausgebildet wird, ist die Einrichtung einer breit gestaffelten Zahl von Organisationseinheiten nötig. Es werden nicht nur Ausbildungsplätze für mittlere kaufmännische bzw. technische Berufe geschaffen, sondern es wird auch Ausbildungsarbeit für gehobene Ausbildungsgänge geleistet. Die umfassende Zahl der singularen Organisationseinheiten (Leitungsstellen, Schulungseinheiten, Dispositionsstellen, Ausbilderstellen, Ausbildungsplätze) und vor allem das gegebene Eignungspotential der Aufgabenträger gestatteten Bildungsarbeit ‚im großen Stil'.

b) Eigenverantwortung der Aufgabenträger

Da die hochkomplexe Struktur dieser Gliederungsform eine reine Machtkonzentration auf ein Bildungszentrum nicht zuläßt, wird ein Großteil der Entscheidungsmacht auf dezentrale Aufgabenträger verlagert. Gewerblichtechnische und kaufmännische Bildungsarbeit sind dezentralisiert und die Aufgabenträger dieser Bildungsbereiche können eigenverantwortlich handeln. Demgegenüber sind Management-Bildungsarbeit und naturwissenschaftlich-technische Bildungsarbeit dem zentralen Personalwesen zugeordnet. Es liegt in diesem Bereich also eine Kombination von zentraler und dezentraler Aufbauordnung vor, die eine Tendenz zur Dezentralisierung erkennen läßt[31].

Außerdem ist hervorzuheben, daß die Vorgesetzten ihre Mitarbeiter nicht in ein vorgegebenes Schema zwingen, sondern Selbständigkeit und Eigenverantwortlichkeit fördern. Die unterstellten Mitarbeiter sollen selbst Vorschläge zum Bildungsgeschehen einbringen und die Vorgesetzten bei ihrer Arbeit unterstützen. Die Mitarbeiter im Bildungswesen sollen lernen, in Eigenverantwortung pflichtbewußt zu handeln. Von der Förderung der Eigeninitiative im Rahmen des kooperativen Führungsstils versprechen sich die Verantwortlichen der industriellen Großunternehmung positive Impulse auf den Ablauf der Bildungsarbeit. Können sich die Aufgabenträger des Bildungswesens im Rahmen ihres Aufgabengebietes entfalten, ohne unnötige Beschränkungen ihrer Initiativen hinnehmen zu müssen, so werden sie mehr Bereitschaft zur Bildungsarbeit mitbringen.

---

[31] Vgl. Fragebogen, Anhang, Frage 27.

7. Schwächen der Komplexitätsform

a) Unübersichtlichkeit des Aufbaus

Aus der Schilderung aufbauorganisatorischer Details der Komplexitätsform kann man entnehmen, daß die quantitative Struktur einer solchen
Gliederungsform relativ unübersichtlich ist. Die hohe Anzahl von Leitungs-,
Dispositions- bzw. Ausbilderstellen mit hauptamtlich tätigen Aufgabenträgern und die vielen Ausbildungsplätze bzw. die umfassenden Tätigkeitsfelder nebenamtlich tätiger Bildungskräfte bereiten nicht nur dem Außen-
stehenden Schwierigkeiten, sich einen gesicherten Einblick in die System-
struktur – bis hinunter zur Basis des Bildungswesens – zu verschaffen[32].

Insbesondere die Unübersichtlichkeit solcher Systeme des Aufbaus der
Bildungsarbeit fördert die Möglichkeit, daß sich in verschiedenen Bildungsabteilungen ein ‚Stellenüberhang‘ ergibt, der zur Aufblähung der Bildungs-
verwaltung führen kann. Es kann nicht ausgeschlossen werden, daß – im
Bestreben um besonders breit angelegte Bildungsarbeit – aufbauorganisatorische Überkapazitäten entstehen, die mit dem ökonomischen Prinzip
nicht mehr vereinbar sind. Da die Personal- und Verwaltungskosten in solchen Bildungsabteilungen ansteigen, wird der Organisator bemüht sein
müssen, Widersprüche zwischen aufbauorganisatorischen Regelungen und
dem Streben nach Wirtschaftlichkeit aufzudecken.

Aus der unübersichtlichen Struktur und der Tatsache, daß auch hochkomplexe Gliederungsformen des Aufbaus der Bildungsarbeit häufig „histo-
risch gewachsen" sind, ergeben sich nicht zu übersehende Organisations-
probleme.

Beispielsweise ist die Bürogehilfinnen-Ausbildung dem Leiter der zentralen, naturwissenschaftlich-technischen Berufsbildung unterstellt. Die
Bürogehilfinnen-Ausbildung sollte eher dem dezentralen Leiter für kaufmännische Berufsbildung zugeordnet werden.

Es ist auch nicht angebracht, daß die Abteilung Medieneinsatz ausschließlich der naturwissenschaftlich-technischen Bildungsleitung angegliedert
wurde. Es ergibt sich vielmehr die Möglichkeit, die Stellen für den Einsatz
der Medien in Zentralstellen und Dezentralstellen aufzuteilen, damit auch
dezentrale Mitarbeiter des Bildungswesens im gewerblich-technischen und
kaufmännischen Bereich die Bildungsmedien nutzen können.

Um die Struktur hochkomplexer Gliederungsformen übersichtlicher zu
gestalten, sollten die Verantwortlichen dieser Industriebetriebe Organigramme mit allen Bildungsinstanzen erstellen lassen. Die Vorgesetzten und
Mitarbeiter des industriellen Großbetriebes würden sich dann besser zu-

---

[32] Vgl. dazu Abb. 8 dieser Arbeit.

rechtfinden. Durch Offenlegung der Instanzensysteme würde auch der Ablauf der Bildungsarbeit verbessert, weil zeitliche Verzögerungen vermieden werden.

b) Kompetenzregelungen

Möglicherweise ist die komplexe Struktur des Aufbaus der Bildungsarbeit die Begründung für fehlende bzw. voneinander abweichende Kompetenzregelungen hinsichtlich der verschiedenen Bildungsabteilungen[33].

Während in einer dezentralen Bildungsabteilung Kompetenzbezeichnungen[34] angegeben wurden, war es in anderen Abteilungen der Bildungsarbeit nicht der Fall.

Eine für alle Bildungsabteilungen einheitliche Regelung der Kompetenzbezeichnungen erscheint nicht unproblematisch, zumal die obersten Leiter der einzelnen Bildungsabteilungen nicht auf der gleichen Stufe der Betriebshierarchie stehen. In diesem Zusammenhang ist positiv hervorzuheben, daß mit der Direktunterstellung der Management-Bildungsarbeit unter die Geschäftsleitung der Wichtigkeit dieser Aufgaben für den ganzen Betrieb entsprochen wird.

c) Fehlende persönliche Kontakte

Die Leiter einer zentralen bzw. dezentralen Bildungsabteilung haben Längs- bzw. Diagonalkontakte zu Ausbildern, Querkontakte zu hauptamtlich tätigen Lehrkräften, Querverbindungen zu Disponenten und Querkontakte zu Vorgesetzten und Mitarbeitern[35]. Infolge des Aufgabenumfangs der Bildungsinstanzen beschränken sich diese Verbindungen in der Regel auf sachbezogene Kontakte.

Hochkomplexe Aufbauformen der Bildungsarbeit gestatten es den Leitern der jeweiligen Bildungsabteilungen kaum noch, den persönlichen Kontakt zu allen Ausbildern und Auszubildenden des Industriebetriebes zu erhalten. Die Vielgestaltigkeit der Führungsaufgabe und der permanente Entscheidungsdruck lassen den Leitern der Bildungsabteilungen wenig Zeit zu derartigen Gesprächen.

Dieses Fehlen persönlicher Kontakte zu nachgelagerten Ebenen trifft nicht nur auf die obersten Leiter der Bildungsabteilungen in Komplexitätsformen der Bildungsarbeit zu, sondern betrifft auch Leiter der zweiten und dritten Stufe.

---

[33] Die Aussage bezieht sich auf Betrieb L.
[34] Vgl. Fragebogen, Anhang, Fragen 14, 17, 21 und 24.
[35] Ebenda, Fragen 19 und 26.

Es kann auf diesem Hintergrund nicht verwundern, daß vor allem die Aufgabenträger „an der Basis" dieser Gliederungsform fehlende persönliche Kontakte zu Bildungsleitern negativ gewichten[36]. Da die hochkomplexe Struktur dieser Gliederungsform des Bildungswesens den direkten Kontakt der genannten Leitungsebenen zu nachgelagerten Ebenen nicht mehr zuläßt, sollten in gewissen Abständen ‚Ausbildertreffen' oder ‚Jugendabende' organisiert werden, zu denen auch Leiter der oberen Ebenen eingeladen werden. Diese Treffen sollten dazu genutzt werden, persönliche Kontakte zu knüpfen und obiger Tendenz entgegenzuwirken.

Es ist für eine Komplexitätsform des Aufbaus der Bildungsarbeit im industriellen Großbetrieb typisch, daß eine mannigfaltige, auf komplizierte Art aufgeteilte, Aufgabenstruktur vorliegt und ein sehr hoher Aufgabenumfang gegeben ist. Das betriebliche Bildungswesen ist in solchen Fällen in komplexe Teilbereiche gegliedert, die miteinander und mit der Betriebsumwelt verbunden sind. Die Zentralabteilungen des Bildungswesens der Komplexitätsform sind aufbauorganisatorisch mit höherem Rang eingegliedert als die dezentralen Bildungsabteilungen.

---

[36] Diese Aussage bezieht sich auf Antworten zu Frage Nr. 50, Anhang, und auf Gespräche mit hauptamtlich tätigen Ausbildern (Betrieb L).

Schlußwort

Diese Studie gestattet Einblicke in Strukturen von Formen der Aufbauorganisation des betrieblichen Bildungswesens industrieller Großbetriebe. Es wurden nicht nur die oberen Stufen der Aufbauhierarchie, sondern auch Zusammenhänge mit der Basis des Ausbildungswesens untersucht. Anhand von Aussagen über Aufgabenträger, deren Eignungspotential, Tätigkeitsarten, Kompetenzbezeichnungen, Aufbauordnungssysteme, Verbindungsarten zwischen Organisationseinheiten wurde die Aufbaustruktur dargestellt. Im Rahmen der Analyse der Aufbauformen des Bildungswesens wurden auch Stärken und Schwächen der einzelnen Organisationstypen offengelegt. Die Studie wurde von dem Bestreben getragen, Erkenntnisse für die Wissenschaft zu erarbeiten und Organisationspraktikern Anregungen zu geben.

Grenzen dieser Arbeit offenbaren sich u. a. in der Konfrontation der Ergebnisse mit der Vielgestaltigkeit und Komplexität von Aufbauformen des Bildungswesens der betrieblichen Praxis. Viele Formen der Aufbauorganisation sind als Kombinationsformen aus Einzelmerkmalen entstanden. Der gegenwärtige Stand der Forschung gibt Anlaß zur Auseinandersetzung mit diesen und weiteren Organisationsproblemen. Es sollte beispielsweise geprüft werden, welche Möglichkeiten des Vorgehens zur Gestaltung der Aufbauorganisation des betrieblichen Bildungswesens bestehen und welche Bestimmungsfaktoren die Unterschiede zwischen Aufbauformen der Bildungsarbeit erklären.

Fragebogen
zur empirischen Untersuchung

F r a g e b o g e n zur empirischen Untersuchung[1]

A. G r u n d d a t e n des Unternehmens

1. Welche Rechtsform hat Ihr Unternehmen ?
   (bitte eintragen)   _____

2. Wieviele Beschäftigte hat Ihr Unternehmen ?
   (bitte eintragen)   _____

3. Gehört Ihr Unternehmen einem Konzern an ? (bitte ankreu-
   o nein, keine Konzernzugehörigkeit   zen)·
   o ja, als Muttergesellschaft
   o ja, als Schwestergesellschaft
   o ja, als Tochtergesellschaft

4. Welcher Industriebranche ist Ihr Unternehmen
   umsatzmäßig zuordenbar ? (bitte nur e i n e Branche
                             ankreuzen)

   o Chemische Industrie   o Schiffbau
   o Mineralölverarbeitung   o Elektrotechnik
   o Kunststoffverarbeitung   o Feinmechanik, Optik,Uhren
   o Gummi und Asbest   o Spielwaren, Schmuck
   o Steine und Erden   o Holzverarbeitung
   o Feinkeramik und Glas   o Zellstoff und Papier
   o Eisen- und Stahlerzeugung o Druckerei
   o Metallerzeugung   o Leder
   o Stahl- und Leichtmetallbau o Textilien, Bekleidung
   o Energie und Bergbau   o Brauerei und Mälzerei
   o Baugewerbe   o Nahrungsmittel
   o Maschinenbau   o Sonstiges
   o Straßen- u. Luftfahrzeuge _____

                                 (bitte eintragen)

5. Trennen Sie in Ihrem Unternehmen die Fortbildung begriff-
   lich (Rundschreiben, schriftliche Festlegung, Notizen)
   von der Weiterbildung ? (bitte ankreuzen und eintragen)

   o ja, Fortbildung bedeutet: _____
          Weiterbildung ist: _____
   o nein, keine Trennung

   _____

   1) Dieser Fragebogen wurde vom Verfasser erstellt.

6. Welches sind die zwei wichtigsten Ziele der Ausbildung
   (Spalte 1) und der Fort- und Weiterbildung (Spalte 2)
   in Ihrem Unternehmen ?   (bitte eintragen)

             Spalte 1: Ausbildung   Spalte 2: Fort-u.Weiterbdg.

   1. Ziel:_____   _____

   2. Ziel:_____   _____

7. Sind die obigen Ziele der Bildungsarbeit in schriftlicher
   Form festgelegt ?   (bitte ankreuzen und eintragen)

   o ja, Geschäftsleitung genehmigte das vorliegende
          Konzept in schriftlicher Form

   o ja, im Personalhandbuch unseres Unternehmens

   o ja, _____

   o nein

8. Weichen Ihre persönlichen Ziele der Bildungsarbeit von
   den obigen Zielen ab ?   (bitte ankreuzen und eintragen)

   o ja, weil _____

       _____

   o nein, weil _____

9. Wurden die Aufgaben der Bildungsarbeit in Stellenbeschreibungen festgelegt ?   (bitte ankreuzen)

   o keine Stellenbeschreibungen

   o ja, für Aufgabenträger mit Haupttätigkeit

   o ja, für Aufgabenträger mit Nebentätigkeit

   (Aufgabenträger mit Nebentätigkeit widmen weniger als
   50 % ihrer betrieblichen Tätigkeit der Bildungsarbeit).

10. Wieviel % der Lohn- und Gehaltssumme gab Ihr Unterneh-
    men im Durchschnitt der letzten 3 Jahre für die Bildungs-
    arbeit insgesamt aus ?

    (bitte eintragen)

    _____

B. Z e n t r a l e Organisationseinheiten

11. Gibt es außer dem zentralen Leiter der Bildungsarbeit
    (mit Haupttätigkeit)

    noch andere zentrale Leitungsinstanzen mit hauptamt-
    lichen Aufgabenträgern der Bildungsarbeit, Lehreinhei-
    ten (Zentrale) mit eigenen und fremden Referenten, Dis-
    positionsstellen,Stabstellen, Assistenten bzw. Ausschüs-
    se für die Bildungsarbeit in Ihrem Unternehmen ?
    (Erläuterungen vgl. Nr. 13)

        o ja (bitte kreuzen Sie 'ja' an, wenn mindestens
              eine Möglichkeit gegeben ist)

        o nein (bitte überschlagen Sie diese Seite und begin-
              nen Sie bei Punkt D).

12. Wenn es in Ihrem Unternehmen ein eingeführtes Organi-
    gramm des zentralen Bildungswesens gibt, so geben Sie
    bitte dieses Schema unter Beachtung von Punkt 13 a)
    bzw. 13 b) als Anlage bei.

13. Falls Sie kein Organigramm haben, so tragen Sie bitte
    unter Beachtung folgender zentraler Organisationsein-
    heiten und ihrer Verbindungen das zentrale Bildungswe-
    sen in Anhang I (Spalte 1) ein:

    a) O r g a n i s a t i o n s e i n h e i t e n

    Symbole: Bezeichnungen der Organisationseinheiten:

               1. Dem Leiter (den Leitern) der zentralen
                  Bildungsarbeit vorgesetzte Instanzen.

               2. Alle zentralen Leitungsstellen mit Bil-
                  dungsarbeit als Haupttätigkeit.

               3. Lehreinheiten der Bildungsarbeit
                  (z.B. Lehrwerkstatt, Sprachlabor, Inter-
                  ne Seminare usw.)
                  Diese Lehreinheiten umfassen Referenten
                  und fortzubildende Mitarbeiter bzw. Aus-
                  zubildende.

                  a) Hauptamtliche, interne Referenten
                     (Betriebslehrer, hauptamtl. Ausbilder)

                  b) Intern orientierte Fremdreferenten
                     (Lehraufgaben von mind. 100 Std. pro
                     Jahr und Lehrer).

               Bitte berücksichtigen Sie an dieser
               Stelle keine Betriebslehrer mit Neben-
               tätigkeiten (vgl. Punkt G).

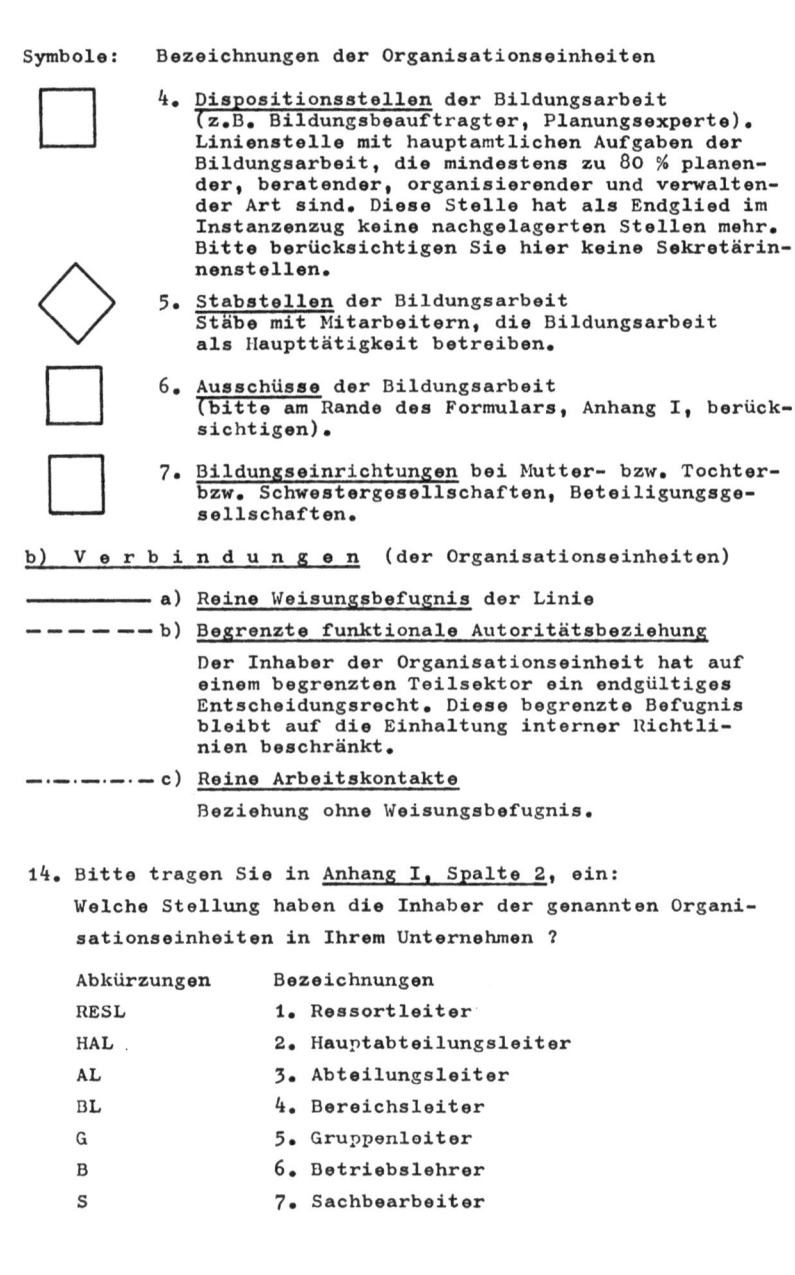

Symbole: Bezeichnungen der Organisationseinheiten

4. <u>Dispositionsstellen</u> der Bildungsarbeit
(z.B. Bildungsbeauftragter, Planungsexperte).
Linienstelle mit hauptamtlichen Aufgaben der
Bildungsarbeit, die mindestens zu 80 % planen-
der, beratender, organisierender und verwalten-
der Art sind. Diese Stelle hat als Endglied im
Instanzenzug keine nachgelagerten Stellen mehr.
Bitte berücksichtigen Sie hier keine Sekretärin-
nenstellen.

5. <u>Stabstellen</u> der Bildungsarbeit
Stäbe mit Mitarbeitern, die Bildungsarbeit
als Haupttätigkeit betreiben.

6. <u>Ausschüsse</u> der Bildungsarbeit
(bitte am Rande des Formulars, Anhang I, berücksichtigen).

7. <u>Bildungseinrichtungen</u> bei Mutter- bzw. Tochter-
bzw. Schwestergesellschaften, Beteiligungsge-
sellschaften.

b) <u>V e r b i n d u n g e n</u> (der Organisationseinheiten)

─────── a) <u>Reine Weisungsbefugnis</u> der Linie

─ ─ ─ ─ ─ b) <u>Begrenzte funktionale Autoritätsbeziehung</u>

Der Inhaber der Organisationseinheit hat auf
einem begrenzten Teilsektor ein endgültiges
Entscheidungsrecht. Diese begrenzte Befugnis
bleibt auf die Einhaltung interner Richtlinien beschränkt.

─·─·─·─ c) <u>Reine Arbeitskontakte</u>

Beziehung ohne Weisungsbefugnis.

14. Bitte tragen Sie in <u>Anhang I, Spalte 2</u>, ein:

Welche Stellung haben die Inhaber der genannten Organisationseinheiten in Ihrem Unternehmen ?

Abkürzungen	Bezeichnungen
RESL	1. Ressortleiter
HAL	2. Hauptabteilungsleiter
AL	3. Abteilungsleiter
BL	4. Bereichsleiter
G	5. Gruppenleiter
B	6. Betriebslehrer
S	7. Sachbearbeiter

15. **Bitte tragen Sie in Anhang I, Spalte 3,** ein:
Welche Hauptaufgaben haben die Stelleninhaber ?

16. **Anhang I, Spalte 4:** (bitte eintragen)
Wie ist der Zeitanteil der Aufgabenkombinate <u>Disposition</u>
(Planung, Beratung, Kontakte, Verwaltung, Organisation,
Kontrolle in % der Gesamtzeit) und <u>Realisation</u>
(Vorträge, Unterrichtung, Unterweisung in % der Gesamt-
zeit) an der entsprechenden Organisationseinheit gestal-
tet ?

17. **Anhang I, Spalte 5:** (bitte eintragen)
Welche Kompetenz hat der Inhaber der Einheit ?

Symbole:	Bezeichnungen:
D	Direktor
P	Prokura
H	Handlungsvollmacht
A	Artvollmacht
E	Einzelvollmacht
k	keine Vollmacht

18. Gibt es in Ihrem Unternehmen <u>Ausschüsse</u> für Bildungsarbeit ?
(bitte Bezeichnung angeben)   (bitte Zusammensetzung
aufzeigen)

_____   _____

19. Wie kann in Ihrem Unternehmen das
Verhältnis eines zentralen Leiters
der Bildungsarbeit zu...

(bitte ankreuzen)

	reine Weisungsbe-fugnis der Linie	begrenzte funktio-nale Autorität	Arbeitskontakte	keine Beziehung
..hauptamtlichen, internen Referenten				
..intern orientierten Fremdreferenten				
..Referenten mit Nebentätigkeit				
..ausbildender Fachkraft (Nebentätigkt.)		.		
..Disponenten mit Nebentätigkeit				
..Auszubildenden				

...bezeichnet werden ?

C. D e z e n t r a l e   Organisationseinheiten

20. Wenn es in Ihrem Unternehmen ein eingeführtes Organi-
    gramm des dezentralen Bildungswesens gibt, so legen
    Sie bitte dieses Schema unter Beachtung der folgenden
    Hinweise als Anlage bei. Falls Sie ein Organigramm
    nicht beilegen, tragen Sie bitte den Aufbau des dezen-
    tralen Bildungswesens in Anhang II (Spalte 1) ein.

    Bitte berücksichtigen Sie die Symbole, die bereits
    unter Punkt 13 aufgeführt wurden.

21. Bitte tragen Sie in Anhang II, Spalte 2, ein:

    Welche Stellung haben die Inhaber der Organisationsein-

    heiten in Ihrem Unternehmen ?

Symbol	Bezeichnung
RESL	Ressortleiter
HAL	Hauptabteilungsleiter
AL	Abteilungsleiter
BL	Bereichsleiter
G	Gruppenleiter
B	Betriebslehrer
S	Sachbearbeiter

22. Tragen Sie bitte in Anhang II, Spalte 3, ein:

    Welche Hauptaufgaben haben die Inhaber der Organisations-

    einheiten ?

23. Anhang II, Spalte 4 : Wie ist der Zeitanteil der Aufga-
    benkombinate Disposition (Planung, Beratung, Kontakte,
    Verwaltung, Organisation, Kontrolle in % der Gesamtzeit)
    und wie ist der Zeitanteil der Realisation (Vorträge,
    Unterrichtung, Unterweisung in % der Gesamtzeit) an der
    entsprechenden Organisationseinheit gestaltet ?
    (bitte eintragen)

24. Anhang II, Spalte 5 : Welche Kompetenz hat der Inhaber
    der Organisationseinheit ?   (bitte eintragen)

Symbol	Bezeichnung
D	Direktor
P	Prokura
H	Handlungsvollmacht
A	Artvollmacht
E	Einzelvollmacht
k	keine Vollmacht

25. Wie ist das Verhältnis von dezentralen Leitern der Bildungsarbeit zu beurteilen ? (bitte ankreuzen)

   o wenige Arbeitskontakte

   o häufige Arbeitskontakte

   o Kontakte im Ausschuß

26. Wie kann in Ihrem Unternehmen das Verhältnis zwischen einem dezentralen Leiter der Bildungsarbeit und einem...

   o hauptamtlichen, internen Referenten   _____

   o intern orientierten Fremdreferenten   _____

   o Referenten mit Nebentätigkeit   _____

   o ausbildender Fachkraft (Nebentätigkt)_____

   o Auszubildenden

              ...bezeichnet werden ? (bitte eintragen)

D. Z u s a t z f r a g e n   zu den Organisationseinheiten

27. Unser betriebliches Bildungswesen ist seit ... Jahren im Schwerpunkt... (bitte eintragen bzw. ankreuzen)

   o zentral ausgerichtet (dezentrale Arbeit im Hintergrund)

   o dezentral ausgerichtet (zentrale Arbeit im Hintergrund)

   o zentral und dezentral etwa gleich ausgerichtet.

28. Bitte tragen Sie in das Schema Ihre Beurteilung der Umweltsituation (kommende 2 Jahre) des betrieblichen Bildungswesens ein.

Bitte eintragen: k = relativ konstante Umweltsituation

               b = relativ bewegte Umweltsituation

               b^+= Erweiterung und b^- = Schrumpfung

		Ausbildung	Fort-u.Weiterb.
Quantitative Umwelt (Anzahl der Träger,Mittel)	intern (Geschäftsl. Abteilungen)		
	extern (Gesetze, Konjunktur)		
Qualitative Umwelt (Ziele,Aufgaben)	intern		
	extern		

E. B e u r t e i l u n g der Organisationseinheiten

29. Ich bin innerhalb des Bildungswesens als...

   o zentraler Leiter   o Haupttätigkeit
                mit
   o dezentraler Leiter   o Nebentätigkeit

   ...tätig (bitte ankreuzen)

Bitte geben Sie bei der Beantwortung der folgenden Fragen Ihr kritisches Urteil ab und prüfen Sie, ob Veränderungen in folgenden Bereichen nötig sind ! Zum Beispiel bei...

1. Zentralstellen oder dezentralen Stellen

2. Stellenzahl

3. Zuordnung der Stellen

4. Verhältnis zwischen Haupttätigkeit und Nebentätigkeit der Bildungsarbeit

5. Verantwortung der Aufgabenträger

6. Kompetenz der Aufgabenträger.

30. Wie beurteilen Sie die Anpassungsfähigkeit der Stellen ?
    (Angleichung des Aufbaus an interne und externe Umwelt)

31. Wie beurteilen Sie den Wirkzusammenhang der Stellen ?
    (Interdependenz der Bildungsaufgaben im Hinblick auf
    Ziele)

32. Stimmen Aufgabe, Kompetenz und Verantwortung (Notwen-
    digkeit der Kongruenz) überein ?

33. Wie beurteilen Sie die Identifikation der Aufgabenträger
    mit der Bildungsarbeit (Engagement) ?

34. Wie beurteilen Sie die Homogenität der Aufgabenkombinate
    von Aufgabenträgern ?

35. Wie beurteilen Sie das Arbeitspensum der Aufgabenträger ?
    (Überbelastung, Unterbelastung)

36. Wie ist die Eignung der Träger zu beurteilen (Fachein-
    sicht, Selbständigkeit, Motivation) ?

37. Wie beurteilen Sie die räumliche Überschaubarkeit ?
    (überschaubare Gruppen, Koordination)

38. Welche sonstigen Kriterien sind für eine Beurteilung
    von Bedeutung ? (externe und interne Faktoren)

39. Wurden in den letzten 5 Jahren Veränderungen am Aufbau
    des Bildungswesens vorgenommen (neue Stellen, weniger
    Instanzen, andere Aufgaben) ? Haben Sie Änderungsvor-
    schläge für die kommenden fünf Jahre ?

F. E r g ä n z u n g s f r a g e n   zur Bildungsarbeit

40. Welche relative Bedeutung haben die folgenden Teilauf-
    gabenbereiche einer zentralen (Spalte 1) bzw. einer
    dezentralen Leitungsinstanz (Spalte 2) mit Bildungsarbeit
    als Haupttätigkeit ?

(bitte den Zeitanteil eines Aufgabenbe- reiches in % der Gesamtaufgabe angeben)	Spalte 1	Spalte 2
a) Planungsaufgaben u.a. kurz-, mittel- und langfristige Pro- grammvorbereitung (1), Planung des sachli- chen und zeitlichen Ablaufs (2), Entwick- lung von Unterlagen (3),Bedarfsermittlg(4), Erstellung und Sichtung von Richtlinien(5), Planung von Didaktik und Methodik (6), Aus- wahl betrieblicher Lehrkräfte (7), Auswahl von externen Kursen (8), Planung der Ausbil dung von Betriebslehrern (9).	(%)	(%)
b) Beratungs- und Kontaktaufgaben u.a. Beratung von Vorgesetzten und Mitar- beitern (1), Einsatzprobleme (2), Hinwei- se auf außerbetriebliche Kurse (3), Aus- sprache (4), Mitarbeit im Ausschuß (5), Motivation von Ausbildern, Auszubilden- den (6), Kontaktpflege nach außen (7), Werbung (8), Disziplinarmaßnahmen (9).	(%)	(%)
c) Verwaltungs- und Organisationsaufgaben u.a. Statistik (1), Budgeterstellung (2), Schriftverkehr und Anmeldungen (3), Perso- nalakten, Verträge, Zeugnisse (4), Biblio- thek verwalten (5), Schreiben von Berich- ten (6), Beschaffung von Personal, Räumen (7), Organisation am Seminarort (8), Sichtung von Büchern (9).	(%)	(%)

	Spalte 1	Spalte 2
d) Kontrollaufgaben u.a. Erfolgskontrolle (1), Beurteilung und Auswahl (2) von Auszubildenden (2), Tests über den Leistungsstand (3), Zeitkontrolle (4), Sichtung von Ausbildungsnachweisen (5), Korrekturen schriftlicher Aufgaben (6), Kostenkontrolle (7), Soll-Ist-Vergleich(8), Abnahme von Prüfungen (9).	(%)	(%)
e) Realisationsaufgaben u.a. Vorträge halten (1), Unterrichtung (2), Unterweisung (3), Übernahme von Fachreferaten (4), Durchführen von Planspielen (5), Rollenspiel (6), Lehrkonferenzen (7), Gruppenarbeit (8), Diskussion (9).	(%)	(%)
f) Andere Aufgaben Aufgaben, die die Bildungsarbeit nicht direkt tangieren.	(%)	(%)

41. Welche hauptsächlichen Organisationseinheiten bzw. Aufgabenträger ermitteln in Ihrem Unternehmen den kurzfristigen Bedarf (1-2 Jahre) an Ausbildung (<u>Spalte 1</u>) und Fort- und Weiterbildung (<u>Spalte 2</u>) ?
              (bitte ankreuzen)

	Spalte 1	Spalte 2
1. Geschäftsleitung	o	o
2. Zentraler Leiter der Bildungsarbeit	o	o
3. Dezentraler Leiter der Bildungsarbeit	o	o
4. Interner Referent mit Haupttätigkeit	o	o
5. Nebenamtliche Aufgabenträger		
a) Leiter der Bildungsarbeit	o	o
b) Referent	o	o
c) Berufsausbildende Fachkräfte	o	o
d) Disponent mit Nebentätigkeit	o	o
e) Nebenamtlich tätige Vorgesetzte	o	o
6. Betriebsrat	o	o
7. Intern orientierte Fremdreferenten	o	o
8. Externe Fremdreferenten	o	o
9. Externe Berater	o	o
10. Sonstige Aufgabenträger	o	o

42. Wie wird die <u>zentrale</u> bzw. <u>dezentrale</u> Bildungsabtei-
    lung in Ihrem Unternehmen bezeichnet ?
                                    (bitte ankreuzen)
    o Linienabteilung
    o Abteilung mit funktionaler Autorität
    o Stabsabteilung
    o keine Abteilung (wenn <u>eine</u> Leitungsinstanz).

43. Wieviele Mitarbeiter sind im Bildungswesen Ihres Unter-
    nehmens insgesamt <u>hauptamtlich</u> tätig ?
    (bitte eintragen)   _____

44. Wie beurteilen Sie die <u>hauptamtliche</u> Bildungsarbeit ?
    a) Wo liegen die Vor- und Nachteile hauptamtlicher
       Bildungsarbeit (Anpassungsfähigkeit, Wirkzusammen-
       hang, Aufgabe, Kompetenz, Verantwortung, Identifi-
       kation, Homogenität, Arbeitspensum, Kosten, Konflik-
       te) gegenüber nebenamtlicher Bildungsarbeit ?
       (bitte eintragen)

       _____

       _____

    b) Warum erfolgte im Rahmen der Verbindung der Aufgaben-
       kombinate Trennung bzw. Koppelung der Aufgaben des
       Bildungswesens ?
       (bitte eintragen)

       _____

       _____

    c) Halten Sie den Aufbau Ihrer Bildungsarbeit für

       o zu elementar
       o zu komplex
       o gerade richtig ?

       (bitte ankreuzen)

G. Bildungsarbeit als N e b e n t ä t i g k e i t

Die folgenden Fragen (45 - 46) sollen vom Leiter des Bildungswesens beantwortet werden.

45. Welche Bedeutung haben nach Ihrer Schätzung Bildungs-
    aufgaben für nebenamtliche Leiter bzw. Referenten
    bzw. Vorgesetzte in Ihrem Unternehmen ?
    Bitte geben Sie an, wieviel % der gesamten betriebli-
    chen Tätigkeit (Zeitanteil) nach Ihrer Schätzung durch-
    schnittlich der Bildungsarbeit gewidmet werden !

    Teilen Sie dann bitte diesen Prozentsatz nach Ausbil-
    dung bzw. Fort- und Weiterbildung auf !

Bedeutung der Bildungsarbeit für interne, nebenamtliche ...	in % der Tätigkt.	Ausbil-dung	Fort-bld.
... Leiter der Bildungsarbeit			
... Referenten			
... berufsausbildende Kräfte			
... Disponenten			
... Vorgesetzte in Fach-abteilungen			

46. Welcher der folgenden Thesen stimmen Sie zu ?
    (bitte ankreuzen)

    Bildungsarbeit wird als Nebentätigkeit von ...

    o (fast) allen betrieblichen Stellen
    o vielen betrieblichen Stellen
    o wenigen betrieblichen Stellen
    o keinen betrieblichen Stellen

    ... betrieben.

Die folgenden Fragen sollen von nebenamtlichen Aufgabenträgern der Bildungsarbeit beantwortet werden.

47. Wo liegen die Vor- und Nachteile <u>nebenamtlicher</u> Bildungsarbeit ?

   (Anpassungsfähigkeit, Wirkzusammenhang, Aufgabe,
   Kompetenz, Verantwortung, Identifikation, Homogenität, Arbeitspensum, Kosten, Konflikte)

48. Welche Stellung haben Sie als Mitarbeiter mit nebenamtlichen Bildungsaufgaben und in welchem Bereich
liegt Ihre Hauptaufgabe ?

   Stellung   Hauptaufgabe

   _____   _____

   (bitte eintragen)

49. Wieviel % Ihrer gesamten betrieblichen Tätigkeit (Zeit)
widmen Sie durchschnittlich der Bildungsarbeit ?

   _____   (bitte eintragen)

50. Wie kann nach Ihrer Auffassung das Verhältnis zum
hauptamtlichen Leiter des Bildungswesens bezeichnet
werden ?   (bitte ankreuzen)

   o reine Weisungsbefugnis

   o begrenzte, funktionale Autoritätsbeziehung

   o reine Arbeitskontakte

   o keine Beziehung

H. N a c h u n t e r s u c h u n g

51. Wie kam die Struktur des Aufbaus des betrieblichen Bildungswesens in Ihrem Betrieb zustande ?

52. Wie groß ist die Maximalzahl der einer Führungskraft
im Bildungswesen auf einer Ebene unterstellten Stellen
bzw. hauptamtlicher Mitarbeiter (ohne Auszubildende) ?

53. Gibt es innerhalb Ihres kaufm. bzw. gewerbl. Ausbildungswesens Stellen für Auszubildende, die echter Bestandteil
des Aufbaus der Bildungsarbeit sind ?

Ergänzung zu Teil B (Anhang I)	Spalte 1 (Frage 13) Organisation der zentralen Bildungsarbeit
	Spalte 2 (Frage 14) Stellung
	Spalte 3 (Frage 15) Hauptauf- gaben
	Spalte 4 (Frage 16) Disposition % Realisation %
	Spalte 5 (Frage 17) Kompetenz

Ergänzung zu Teil C (Anhang II)	Spalte 1 (Frage 20) Organisation der dezentralen Bildungsarbeit
	Spalte 2 (Frage 21) Stellung
	Spalte 3 (Frage 22) Hauptauf- gaben
	Spalte 4 (Frage 23) Disposition % Realisation %
	Spalte 5 (Frage 24) Kompetenz